두근두근 미지의 세상으로, 울렁울렁 신 나는 모험을 떠나요!

모험가를 위한 세계 탐험 지도책

사라 셰퍼드 지음 | 허서윤 옮김

머스트비

1570년 세계 지도
미지의 남쪽 대륙
9쪽에서 다이아몬드를 찾아봐!
29쪽에서 지금 화산이 폭발하려고 해!
15쪽으로 가면 대륙이 보여!
세상에서 가장 높은 산에 오르려면 21쪽을 펴봐!
자, 17쪽을 펴
금을 찾아 떠나
13쪽에 있는 나를 건드리면 위험할 거야!

서사하라
모리타니
카보베르데
세네갈
감비아
기니비사우
기니
시에라리온
라이베리아
코트디부아르
가나
토고
베냉
부르키나파소
말리
니제르
나이지리아
카메룬
중앙아프리카공화국
차드
수단
남수단공화국
에리트레아
에티오피아
지부티
소말리아
케냐
탄자니아
브룬디
르완다
우간다
콩고민주공화국
콩고
가봉
적도기니
상투메프린시페
앙골라
잠비아
말라위
모잠비크
짐바브웨
보츠와나
나미비아
남아프리카공화국
레소토
스와질란드
마다가스카르
코모로
세이셸
모리셔스

지은이 : 사라 셰퍼드(Sarah Sheppard)

그래픽 디자이너이자 일러스트레이터, 그리고 작가예요. 대학에서 고생물학을 배운 뒤, 공룡에 푹 빠졌어요. 선사시대 동물들에 대한 전문적인 지식과 열정을 모아서 지식 정보책 『수많은 공룡들(Lots of dinosaurs)』을 썼으며, 이 책은 2008년 스웨덴 어거스트상 후보에 올랐어요. 그 밖에 『육식동물에 대한 경고』, 『안녕, 다이노』 등 다수의 책을 썼어요.

옮긴이 : 허서윤

서울에서 나고 자랐고, 미지의 세계에 대한 동경으로 한국 외국어대학 스칸디나비아어과에서 스웨덴어를 공부했어요. 『나의 개, 부딜』, 『꼬마뱀 칭칭이 사세요』 등 다수의 그림책과 입양인 부모의 수기 모음집 『아름다운 인연-스웨덴이 기른 우리 아이들』 등을 번역했어요. 스웨덴에서 생활하며 느낀 그들의 따뜻하고도 재치 넘치는 감성을 우리나라에 널리 알리고자 힘쓰고 있어요.

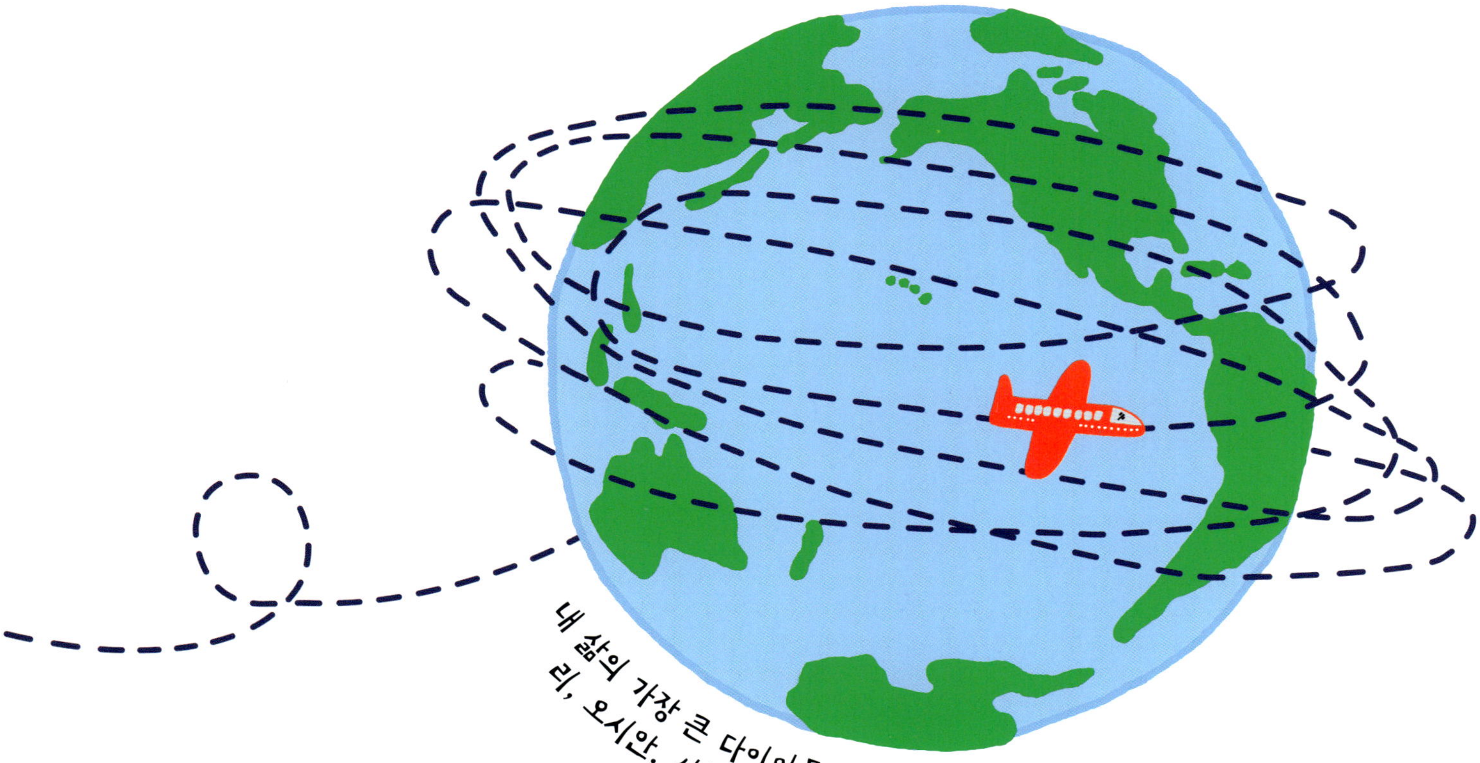

내 삶의 가장 큰 다이아몬드
리, 오시안, 시몬에게

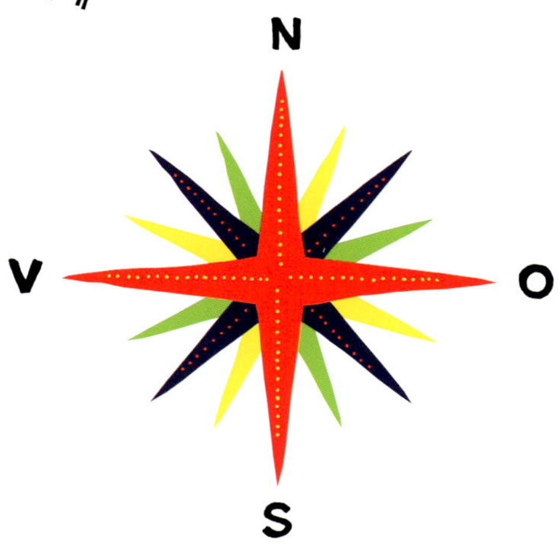

First published by Bonnier Carlsen, Stockholm, Sweden
Published in the Korean language by arrangement with Bonnier Rights, Stockholm, Sweden

모험가를 위한 세계 탐험 지도책

초판 1쇄 발행 2014년 11월 20일

글과 그림 사라 셰퍼드 | 옮김 허서윤 | 펴냄 박진영 | 편집 김윤정 | 디자인 새와나무 | 마케팅 정소정 | 제작 이진영
펴낸곳 머스트비 | 등록 2012년 9월 6일 제396-2012-000154호 | 주소 경기 고양시 일산동구 백마로 223 현대에뜨레보 325호
전화 031-902-0091 | 팩스 031-902-0920 | 이메일 mustb0091@naver.com | 블로그 http://blog.naver.com/mustb0091

ISBN 978-89-98433-30-7 73980

이 도서의 국립중앙도서관 출판예정도서목록(CIP)은 서지정보유통지원시스템 홈페이지(http://seoji.nl.go.kr)와
국가자료공동목록시스템(http://www.nl.go.kr/kolisnet)에서 이용하실 수 있습니다.(CIP제어번호: CIP2014029130)

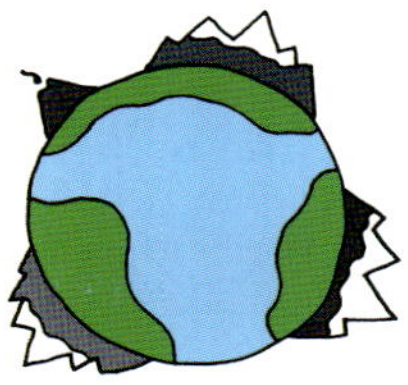

모험가를 위한 세계 탐험 지도책

버뮤다 삼각지대는 어디에 있을까요?
세상에서 가장 위험한 동물들은 어디에 살까요?
남극점에 가장 먼저 도착한 사람은 누구일까요? 세상에서 가장 깊은 해구는 얼마나 깊을까요?
이제까지 한 번도 경험하지 못한 흥미진진한 세계로 가보고 싶다고요?
당장 다음 장으로 넘겨보세요. 신 나는 여행이 시작될 거예요!

지도

금은보화

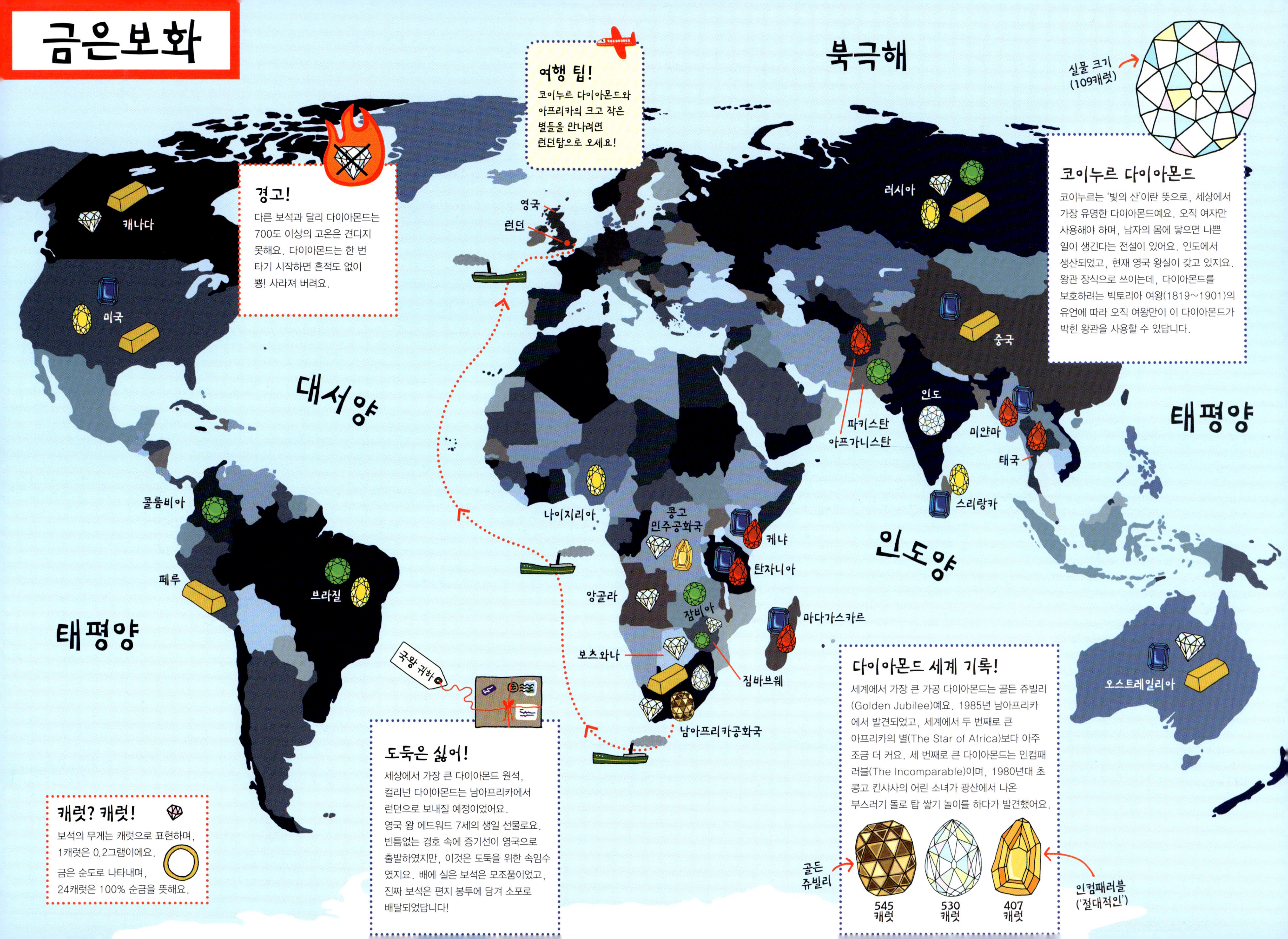

경고!

다른 보석과 달리 다이아몬드는 700도 이상의 고온은 견디지 못해요. 다이아몬드는 한 번 타기 시작하면 흔적도 없이 뿅! 사라져 버려요.

여행 팁!

코이누르 다이아몬드와 아프리카의 크고 작은 별들을 만나려면 런던탑으로 오세요!

코이누르 다이아몬드

코이누르는 '빛의 산'이란 뜻으로, 세상에서 가장 유명한 다이아몬드예요. 오직 여자만 사용해야 하며, 남자의 몸에 닿으면 나쁜 일이 생긴다는 전설이 있어요. 인도에서 생산되었고, 현재 영국 왕실이 갖고 있지요. 왕관 장식으로 쓰이는데, 다이아몬드를 보호하려는 빅토리아 여왕(1819~1901)의 유언에 따라 오직 여왕만이 이 다이아몬드가 박힌 왕관을 사용할 수 있답니다.

도둑은 싫어!

세상에서 가장 큰 다이아몬드 원석, 컬리넌 다이아몬드는 남아프리카에서 런던으로 보내질 예정이었어요. 영국 왕 에드워드 7세의 생일 선물로요. 빈틈없는 경호 속에 증기선이 영국으로 출발하였지만, 이것은 도둑을 위한 속임수였지요. 배에 실은 보석은 모조품이었고, 진짜 보석은 편지 봉투에 담겨 소포로 배달되었답니다!

다이아몬드 세계 기록!

세계에서 가장 큰 가공 다이아몬드는 골든 쥬빌리(Golden Jubilee)예요. 1985년 남아프리카에서 발견되었고, 세계에서 두 번째로 큰 아프리카의 별(The Star of Africa)보다 아주 조금 더 커요. 세 번째로 큰 다이아몬드는 인컴패러블(The Incomparable)이며, 1980년대 초 콩고 킨샤사의 어린 소녀가 광산에서 나온 부스러기 돌로 탑 쌓기 놀이를 하다가 발견했어요.

캐럿? 캐럿!

보석의 무게는 캐럿으로 표현하며, 1캐럿은 0.2그램이에요.

금은 순도로 나타내며, 24캐럿은 100% 순금을 뜻해요.

지구상에 있는 반짝이는 보석들

황금만큼 빛나는 것이 또 있을까요? 황금 말고도 다이아몬드, 에메랄드, 사파이어 등 영롱한 빛을 뿜는 여러 종류의 보석들이 있어요.

지구는 세상에서 가장 아름다운 것들을 만들어 내지요. 금은 지표면에 작은 조각으로 여기저기 흩어져 있는 광물이고요, 보석은 지하 깊은 곳에서 만들어져요. 세상에서 가장 값비싼 보물을 찾으려면 어디로 가야 하는지 지도에서 확인해 보세요.

금

금은 광채를 지닌 부드러운 광물질이에요.
자연에 존재하지만, 찾기가 쉽지 않지요.
오랫동안 많은 사람들이 금화나 장신구를 만들기 위해 금을 찾아 다녔어요. 금은 숨겨 놓기에 참 좋아요.
공기에 오래 노출되어도 녹슬거나 상하지 않고, 언제나 광채를 그대로 유지하거든요.

보석

보석은 자르고 매끈하게 세공하여 장신구로 사용하는 돌이에요. 눈부시게 반짝이며, 아름답고 단단하지요.
흔하지 않을수록 그 가치가 더 높아져요.
가장 인기가 많은 보석은 백색 다이아몬드, 블루 사파이어, 붉은 루비, 녹색 에메랄드예요.
이 보석들은 산간 지역의 깊은 광산에서 캐내요.

컬리넌 다이아몬드는 여러 개의 다이아몬드로 잘라 가공해요. 가장 큰 것이 바로 아프리카의 별이지요. 한편, 가공되지 않은 다이아몬드를 원석이라고 해요.

다이아몬드

보석 중에서도 가장 아름다운 것이 바로 다이아몬드예요. 투명한 흰색이 가장 흔하지만, 금색, 갈색 또는 분홍색과 비슷한 종류도 있어요.
다이아몬드는 매우 단단한 형태의 탄소로, 땅 속 깊은 곳에서 높은 열과 압력에 의해 만들어져요. 오늘날 생산되는 다이아몬드와 보석들은 이미 수백만 년 전에 만들어진 것으로, 화산이 폭발할 때 같이 땅 위로 솟아오르기도 해요.

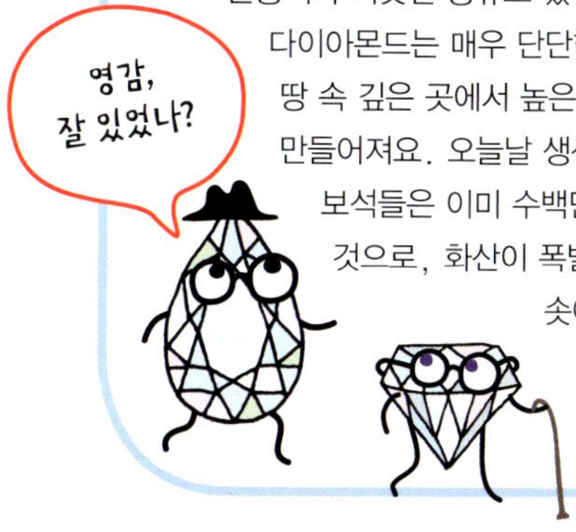

보석은 다양한 모양으로 가공하는데요, 가공을 많이 할수록 더욱 눈부신 광채가 나요.

아프리카의 별

1905년 남아프리카에서 발견되었어요. 지금까지 발견된 다이아몬드 원석 중 가장 크며, 광산 주인의 이름을 따서 컬리넌 다이아몬드라고 부르지요. 이 원석은 9개의 큰 조각과 90개의 작은 다이아몬드로 가공되었어요.
가장 큰 덩어리는 물방울 형태로 만들었는데, '아프리카의 별'이라고 불려요.
두 번째로 큰 덩어리는 '아프리카의 작은 별'이라고 해요.
둘 다 영국 왕실이 갖고 있으며, 아프리카의 별은 지휘봉에, 아프리카의 작은 별은 왕관에 달려 있답니다.

1953년 대관식

신비로운 장소

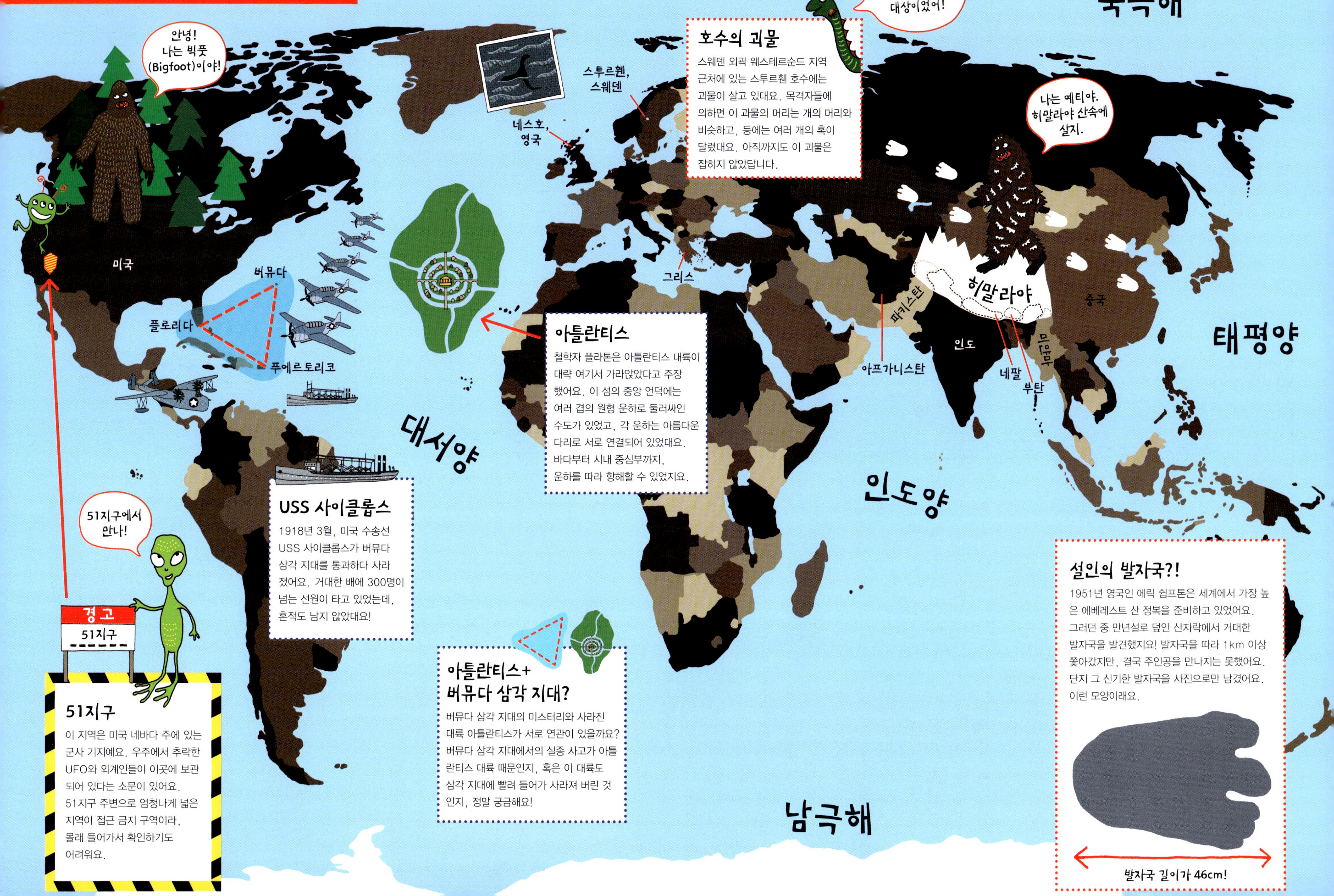

호수의 괴물

스웨덴 외곽 웨스테르순드 지역 근처에 있는 스투르셴 호수에는 괴물이 살고 있대요. 목격자들에 의하면 이 괴물의 머리는 개의 머리와 비슷하고, 등에는 여러 개의 혹이 달렸대요. 아직까지도 이 괴물은 잡히지 않았답니다.

아틀란티스

철학자 플라톤은 아틀란티스 대륙이 대략 여기서 가라앉았다고 주장했어요. 이 섬의 중앙 언덕에는 여러 겹의 원형 운하로 둘러싸인 수도가 있었고, 각 운하는 아름다운 다리로 서로 연결되어 있었대요. 바다부터 시내 중심부까지, 운하를 따라 항해할 수 있었지요.

USS 사이클롭스

1918년 3월, 미국 수송선 USS 사이클롭스가 버뮤다 삼각 지대를 통과하다 사라졌어요. 거대한 배에 300명이 넘는 선원이 타고 있었는데, 흔적도 남지 않았대요!

51지구

이 지역은 미국 네바다 주에 있는 군사 기지예요. 우주에서 추락한 UFO와 외계인들이 이곳에 보관되어 있다는 소문이 있어요. 51지구 주변으로 엄청나게 넓은 지역이 접근 금지 구역이라, 몰래 들어가서 확인하기도 어려워요.

아틀란티스+ 버뮤다 삼각 지대?

버뮤다 삼각 지대의 미스터리와 사라진 대륙 아틀란티스가 서로 연관이 있을까요? 버뮤다 삼각 지대에서의 실종 사고가 아틀란티스 대륙 때문인지, 혹은 이 대륙도 삼각 지대에 빨려 들어가 사라져 버린 것인지, 정말 궁금해요!

설인의 발자국?!

1951년 영국인 에릭 쉽프톤은 세계에서 가장 높은 에베레스트 산 정복을 준비하고 있었어요. 그러던 중 만년설로 덮인 산자락에서 거대한 발자국을 발견했지요! 발자국을 따라 1km 이상 쫓아갔지만, 결국 주인공을 만나지는 못했어요. 단지 그 신기한 발자국을 사진으로만 남겼어요. 이런 모양이래요.

설인은 어디에 살까?

세상에는 신비한 미스터리가 많아요. 설인 예티도 그러하고요. 버뮤다 삼각 지대를 지나갈 용기는 있나요? 로크 네스 호수에는 정말로 거대한 괴물이 살고 있을까요? 아틀란티스는 어디로 사라졌을까요? 지구상에는 다른 곳보다 조금 더 신비로운 곳들이 있어요. 지도에서 어딘지 살펴보세요.

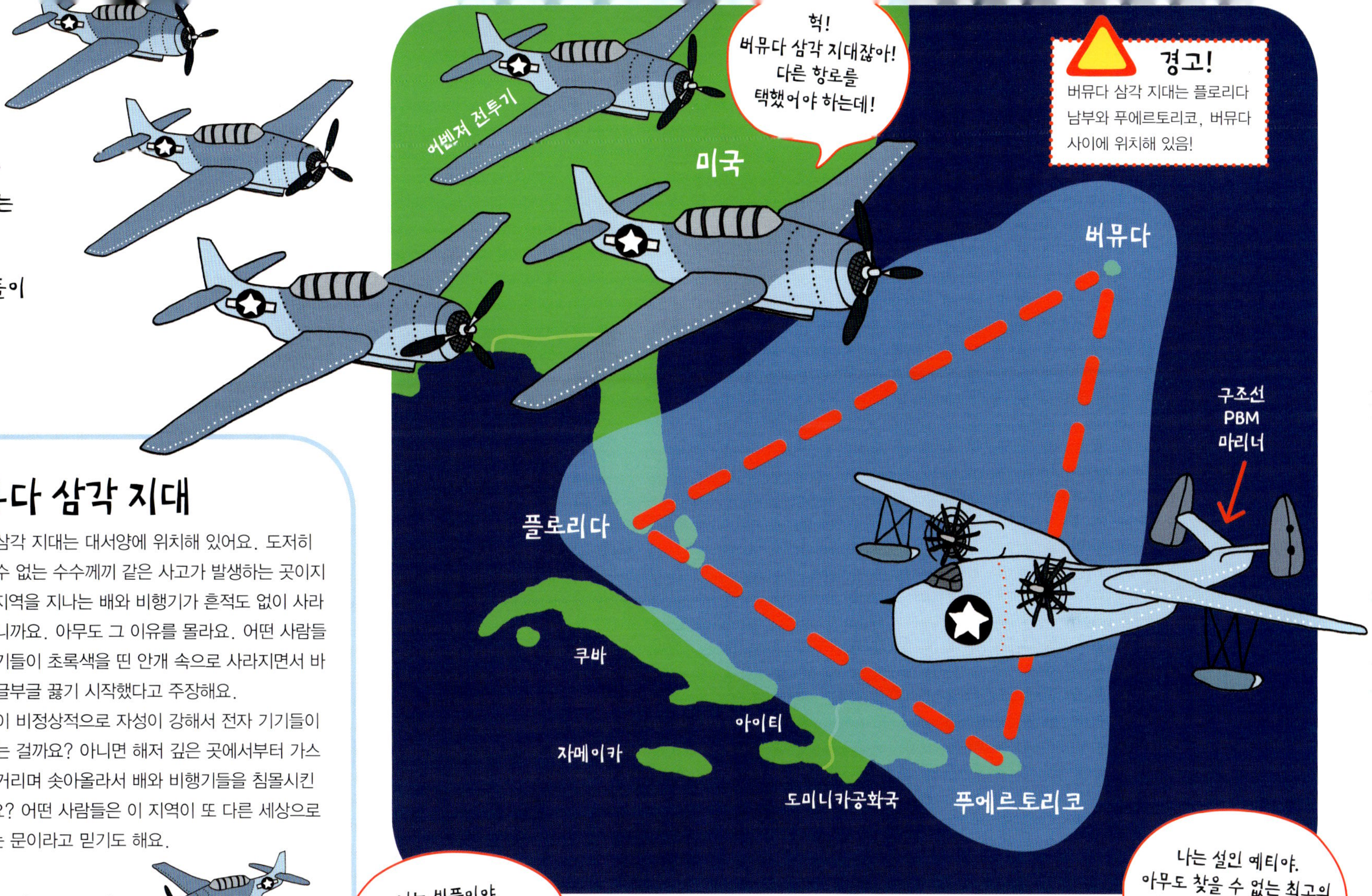

로크 네스의 괴물

스코틀랜드에 있는 로크 네스 호수에는 괴물이 살고 있어요. 많은 사람들이 이 거대하고 목이 긴 정체불명의 괴물을 목격했대요. 1934년 어느 박사가 이 괴물의 사진을 찍는 데 성공했지요. 이것은 거대한 물고기일까요? 아니면 아주 커다란 뱀일까요? 어떤 사람들은 공룡시대에서부터 살아남은 바다 파충류 중 하나라고 주장해요.

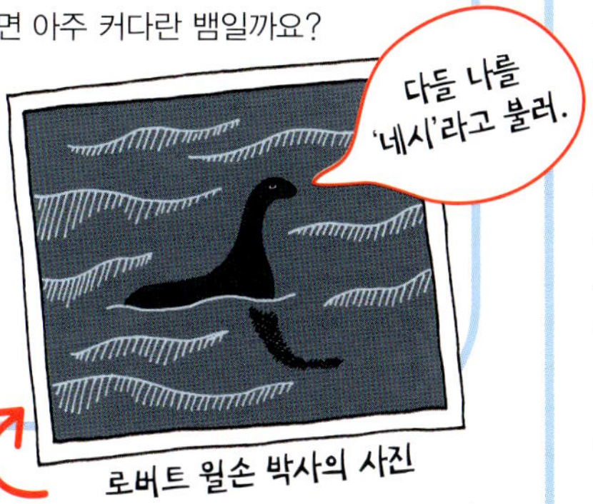

로버트 윌슨 박사의 사진

버뮤다 삼각 지대

버뮤다 삼각 지대는 대서양에 위치해 있어요. 도저히 이해할 수 없는 수수께끼 같은 사고가 발생하는 곳이지요. 이 지역을 지나는 배와 비행기가 흔적도 없이 사라져 버리니까요. 아무도 그 이유를 몰라요. 어떤 사람들은 비행기들이 초록색을 띤 안개 속으로 사라지면서 바다가 부글부글 끓기 시작했다고 주장해요.

이 지역이 비정상적으로 자성이 강해서 전자 기기들이 고장 나는 걸까요? 아니면 해저 깊은 곳에서부터 가스가 부글거리며 솟아올라서 배와 비행기들을 침몰시킨 것일까요? 어떤 사람들은 이 지역이 또 다른 세상으로 연결되는 문이라고 믿기도 해요.

'전투기 19호'

1945년 12월 5일, 미국 어벤져 전투기 5대가 비행 연습을 하고 있었어요. 구름 한 점 없이 맑은 하늘에 바람도 잠잠한, 비행하기에 완벽한 날씨였지요.

그런데 플로리다의 기지로 돌아오던 중, 비행기 한 대가 '계기판이 작동하지 않는다'는 신호를 보내왔어요. 나침판 바늘이 계속해서 뱅뱅 돌아서 현재 위치를 찾을 수 없다는 말이었지요. 그 후 비행기로부터의 신호가 끊겨버렸어요.

거대한 해상 수송기가 사라진 전투기들을 찾기 위해 출항했어요. 그러나 이 수송기도 감쪽같이 사라져 버렸지요. 곧바로 대규모 구조 작전이 펼쳐졌어요. 수백 척의 선박과 비행기가 수색했지만, 아무런 흔적도 찾지 못했어요. 마치 바다가 전투기들을 싹 집어 삼킨 것처럼 말이지요!

아틀란티스

아틀란티스 대륙의 행방은 세상에서 가장 오래된 미스터리 중 하나예요. 아틀란티스는 부유하고 화려한 지상 낙원의 섬이었어요. 완전히 금과 은으로만 지은 궁전도 있었고요. 어느 날 섬사람들에게 크게 실망한 그리스 신들이 섬 전체를 가라앉게 만들었다고 해요.

2천 년 전 그리스에 살았던 철학자 플라톤이 아틀란티스의 멸망에 대해 말했는데요, 그 이후로 오늘날까지 수많은 사람들이 사라진 보물섬, 아틀란티스를 찾아 헤맸지요. 이 섬은 대체 어디로 사라진 걸까요?

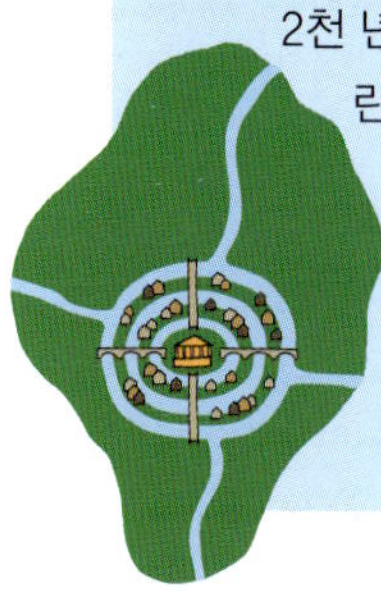

빅풋과 예티

미국 북서쪽 숲에서 거대하고 털이 잔뜩 난, 원숭이와 비슷한 생물체를 발견했다면 분명히 빅풋을 만난 거예요. 혹은 히말라야 산맥을 오르는 중이라면 분명히 예티를 만날 거고요. 이 두 주인공은 다른 대륙에 살고 있지만, 서로 꽤 닮았어요.

많은 사람들이 이 둘을 직접 보거나 흔적을 발견했지만, 실제로 존재하는지 증명한 사람은 없어요. 그렇지만 이들이 존재하지 않는다는 것을 증명하기란 더 어려운 일이지요.

독을 가진 동물들

여행 팁!

뱀이 무섭다면 아일랜드나 뉴질랜드로 가세요. 그곳에는 뱀이 전혀 살지 않거든요!

독가재 데스스토커

신발을 신기 전, 꼭 확인하세요! 세상에서 가장 독성이 강한 가재 데스스토커가 물지도 모르거든요. 다행히 사람이 죽을 정도의 강한 독은 아니래요. 이 가재는 약 6cm 길이에 황금빛 초록색을 띠어요. 아프리카 북부와 일부 아시아 지역에서 살지요.

스톤피쉬

이 물고기는 먹이를 사냥할 때 바쁘게 헤엄치는 대신, 바닷속 모래에 큰 돌인 척 숨어있어요. 그러다가 물고기가 가까이 지나가면 재빠르게 낚아채지요. 다른 야생동물로부터 자신을 보호하기 위해 등에 강한 독침을 달고 있는데, 너무 뾰족해서 신발 깔창에 걸릴 수도 있어요. 만약 스톤피쉬를 밟았다면, 곧장 병원으로 달려가세요! 길이는 약 30cm이며, 인도양과 태평양 서부에 살아요.

블랙 맘바

아프리카에서 가장 무서운 것 중 하나가 바로 검은 독사, 블랙 맘바예요. 치명적인 독을 가진데다가 매우 공격적이고 움직임이 빨라서 더욱 위험해요. 물린 후 15분 안에 해독을 하지 못하면 죽을 수도 있어요. 몸이 회갈색이며, 입안이 검은 색이라 블랙 맘바라고 불리게 되었지요. 4m 넘게 자라며, 아프리카의 동서부에 살아요.

브라질 독거미

브라질 독거미는 거미류 중에서 가장 강력한 독을 지니고 있어요. 특히, 신발 속, 서랍, 모자와 같이 어두운 곳에 숨기를 좋아해서, 많은 사람들이 꼼짝없이 물리고 말지요. 손이나 발을 집어넣으면 거미는 위협을 느끼고 바로 공격해요! 물리면 죽을 정도로 강한 독을 가지고 있지만, 다행히 해독제가 있어요. 이 거미는 남미에 주로 살며, 약 12cm까지 자라요.

옅은 줄무늬 바다뱀

'벨체리 바다뱀'이라는 학명을 가졌고, 지구상 바다뱀 중에서 가장 강한 독을 품고 있어요. 하지만 성격은 온순해서, 어망에 걸렸을 때처럼 정말 화가 날 때만 물지요. 길이는 약 1m이며, 인도양과 태평양 서부에서 살아요.

세상에서 가장 무서운 독을 가진 동물!

지구상에는 무서운 독을 가진 동물이 많아요. 먹이를 사냥할 때면 세게 물거나 독가시를 사용하기도 하고, 피부에 화상을 입히거나 독침을 날리기도 하지요. 동시에 독은 자신을 지키는 방패로 사용되기도 해요. 자신보다 큰 동물에게 잡아먹히지 않기 위함이지요. 독성을 가진 동물 대부분은 사람에게 해를 가하지 않아요. 물론 사람을 공격하는 동물도 있으니 걸으면서 앞을 잘 살펴야 해요. 치명적인 독을 가진 동물도 있거든요. 이러한 동물들이 어디에 사는지 지도에서 찾아보세요!

독개구리

남미 열대 우림에는 지구상에서 가장 독성이 강한 독개구리가 살아요. 작고 귀여운 독개구리는 종류가 다양한데, 저마다 화려한 색과 무늬를 자랑하지요. 그중에서도 가장 위험한 것은 노란 독개구리로, 살짝 건드리기만 해도 죽을 수 있어요! 독화살 개구리로도 불리는데, 이 지역에 사는 인디언들이 독화살을 만들 때 바로 이 개구리의 독을 사용하기 때문이에요. 크기는 1~6cm이고, 중미 및 남미에서 볼 수 있어요.

인랜드 타이판 뱀

중앙 오스트레일리아 지역을 여행한다면 길에 난 구멍을 피하세요. 세상에서 가장 독성이 강한 육지 뱀이 살고 있거든요. 이 뱀의 독은 한 번에 나오는 양만으로도 수백 명의 사람이 죽을 정도로 치명적이에요. 다행히 인랜드 타이판 뱀은 공격적이지 않아서 먼저 귀찮게 굴지 않는 한 사람을 물지 않아요. 몸은 갈색이고 길이는 약 2m 정도이며, 쥐, 새 혹은 다른 작은 포유류를 잡아먹지요.

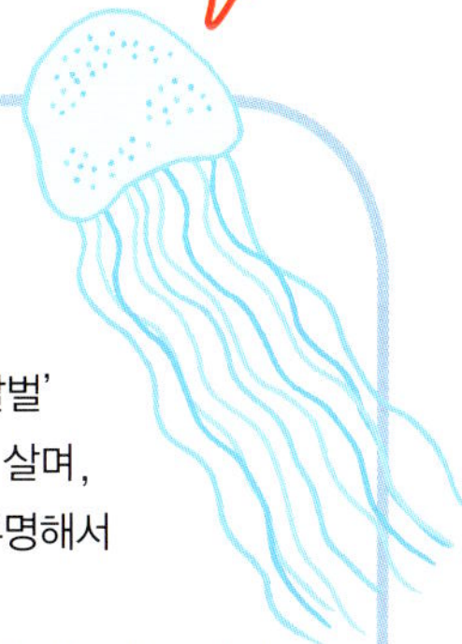

상자해파리

무서운 독을 가지고 있어 '바다 말벌'이라고도 불려요. 태평양 서부에 살며, 몸체는 농구공만 하지만, 거의 투명해서 물속에서 발견하기 어렵지요.

촉수는 3m에 이르며, 생명을 위협하는 매우 강한 독을 품고 있어요. 이 촉수에 감기는 순간 엄청난 양의 독이 뿜어져 나오므로, 불과 몇 분 만에 사람이 죽기도 해요. 해마다 바닷속 동물보다 주로 사람들이 상자해파리의 공격으로 죽지요.

푸른 점 문어

푸른 점 문어는 골프공보다도 작아요. 평소에는 연한 황토색을 띠다가, 화가 나면 진한 노란색으로 바뀌면서 파란 점무늬가 나타나요.

이 문어에게 물리면 즉시 온몸의 근육이 굳고 숨을 쉬지 못하지요. 해독제도 없어서, 독성이 몸에서 사라질 때까지 인공호흡기의 도움을 받아야 겨우 생명을 유지할 수 있어요.

이 문어는 태평양 서부와 오스트레일리아 해안가에 살아요.

모험가와 탐험가들

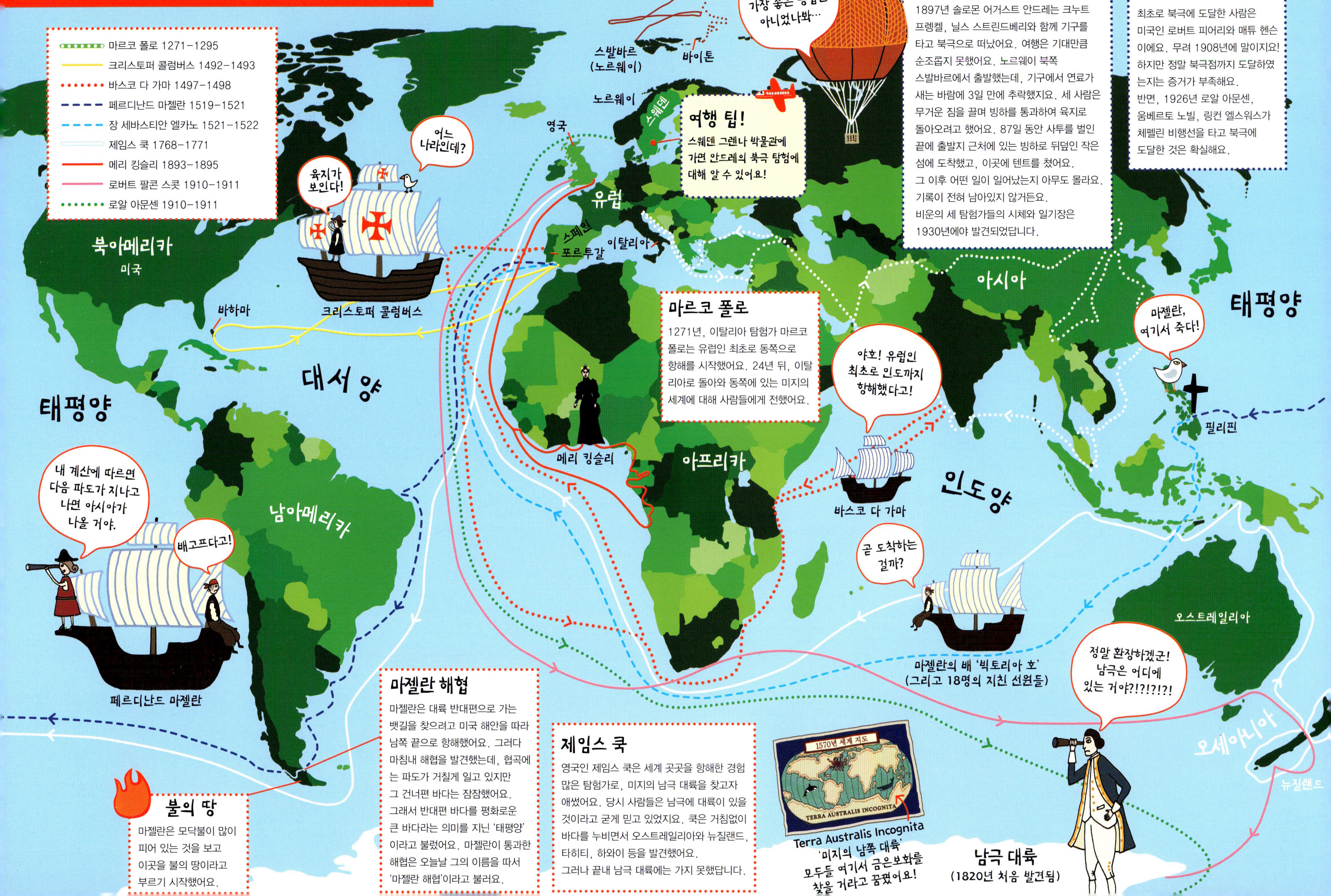

여행 팁!

스웨덴 그렌나 박물관에 가면 안드레의 북극 탐험에 대해 알 수 있어요!

안드레의 기구 여행

1897년 솔로몬 어거스트 안드레는 크누트 프렝켈, 닐스 스트린드베리와 함께 기구를 타고 북극으로 떠났어요. 여행은 기대만큼 순조롭지 못했어요. 노르웨이 북쪽 스발바르에서 출발했는데, 기구에서 연료가 새는 바람에 3일 만에 추락했지요. 세 사람은 무거운 짐을 끌며 빙하를 통과하여 육지로 돌아오려고 했어요. 87일 동안 사투를 벌인 끝에 출발지 근처에 있는 빙하로 뒤덮인 작은 섬에 도착했고, 이곳에 텐트를 쳤어요. 그 이후 어떤 일이 일어났는지 아무도 몰라요. 기록이 전혀 남아있지 않거든요. 비운의 세 탐험가들의 시체와 일기장은 1930년에야 발견되었답니다.

북극?!

최초로 북극에 도달한 사람은 미국인 로버트 피어리와 매튜 헨슨이에요. 무려 1908년에 말이지요! 하지만 정말 북극점까지 도달하였는지는 증거가 부족해요. 반면, 1926년 로알 아문센, 움베르토 노빌, 링컨 엘스워스가 체펠린 비행선을 타고 북극에 도달한 것은 확실해요.

마르코 폴로

1271년, 이탈리아 탐험가 마르코 폴로는 유럽인 최초로 동쪽으로 항해를 시작했어요. 24년 뒤, 이탈리아로 돌아와 동쪽에 있는 미지의 세계에 대해 사람들에게 전했어요.

불의 땅

마젤란은 모닥불이 많이 피어 있는 것을 보고 이곳을 불의 땅이라고 부르기 시작했어요.

마젤란 해협

마젤란은 대륙 반대편으로 가는 뱃길을 찾으려고 미국 해안을 따라 남쪽 끝으로 항해했어요. 그러다 마침내 해협을 발견했는데, 협곡에는 파도가 거칠게 일고 있지만 그 건너편 바다는 잠잠했어요. 그래서 반대편 바다를 평화로운 큰 바다라는 의미를 지닌 '태평양'이라고 불렀어요. 마젤란이 통과한 해협은 오늘날 그의 이름을 따서 '마젤란 해협'이라고 불러요.

제임스 쿡

영국인 제임스 쿡은 세계 곳곳을 항해한 경험 많은 탐험가로, 미지의 남극 대륙을 찾고자 애썼어요. 당시 사람들은 남극에 대륙이 있을 것이라고 굳게 믿고 있었지요. 쿡은 거침없이 바다를 누비면서 오스트레일리아와 뉴질랜드, 타히티, 하와이 등을 발견했어요. 그러나 끝내 남극 대륙에는 가지 못했답니다.

세계 일주, 지도 없이 떠나자!

정확한 지도가 만들어지기 전, 용감한 탐험가들은 새로운 세상을 찾아 계속 앞으로 나아갔어요. 새로운 대륙과 바닷길, 그리고 모험을 찾아 헤매었지요. 지평선 너머에 어떤 일이 기다리고 있을지 상상도 못 한 채 말이죠. 미지의 대륙을 만나거나 온갖 신기한 동물들로 가득 찬 바다를 발견했을지도 몰라요. 분명히 역사상 가장 흥미진진한 시기였을 거예요. 지도에서 유명한 탐험가들의 발견과 세상을 찾아 떠나는 모험가들의 여행길을 찾아보세요!

콜럼버스

1492년 이탈리아인 크리스토퍼 콜럼버스는 아시아로 가는 바닷길을 찾기 위해 스페인에서 출발하여 서쪽으로 항해를 떠났어요. 그러나 아시아가 아닌, 유럽인들이 한 번도 가본 적 없는 신대륙에 도착하게 되지요. 콜럼버스는 오늘날 바하마스라는 곳에 상륙해서 그곳이 아시아라고 착각하고, 그곳의 섬들을 서부 인도, 그곳 사람들을 인도인이라고 불렀어요.
이탈리아에서 지도 그리는 일을 하던 아메리고 베스푸치는 훗날 콜럼버스가 아시아가 아닌 전혀 새로운 대륙을 발견했다고 밝혀냈어요.
1507년 그의 이름을 따서 이 대륙의 이름은 아메리카가 되었고요. 그러나 그곳 원주민들은 갑자기 수많은 사람들이 몰려오는 바람에 자신들이 살던 땅을 내주어야만 했답니다.

바스코 다 가마

아시아로 가는 바닷길을 찾는데 성공한 사람은 포르투갈의 항해사 바스코 다 가마였어요.
아프리카 대륙을 빙 돌고 인도양을 가로질러서 1498년 마침내 인도에 도착했어요!
바스코 다 가마는 아시아에서 도착해서 계피, 정향과 같이 유럽에서는 볼 수 없었던 신기한 향신료들을 가져다가 엄청 비싼 가격에 팔았답니다.

마젤란

아시아로 가는 바닷길을 찾아 헤맨 또 다른 사람은 포르투갈인 페르디난드 마젤란이에요. 신대륙 미국에서부터 며칠만 서쪽으로 항해하면 곧 아시아에 다다를 거라고 믿었지요. 그러나 실제로는 4개월이 걸렸고, 식량 부족으로 선원 대다수가 굶어 죽었어요.
마젤란은 1521년 필리핀에서 원주민과 싸우다가 죽었으나, 마젤란과 함께 출발한 5척의 배 중 빅토리아호는 장 세바스티안 엘카노 덕분에 다시 유럽으로 돌아왔어요. 총 250여 명의 선원 중 살아 돌아온 선원은 18명뿐이었지요. 그래도 이 탐험은 세계 최초로 지구를 한 바퀴 돈 여행으로 기록되었답니다.

로알 아문센

아문센은 1911년 10월, 5명의 동료와 함께 52마리의 개를 데리고 남극점을 향해 떠났어요. 아문센 일행은 탐험 전 프람헤임에 베이스캠프를 설치하고 9개월 동안 살면서 여행을 준비했어요. 각종 장비를 마련하고, 개들을 훈련시키고, 이동 경로를 따라 식량을 미리 가져다 놓았지요. 남극 여행은 왕복 총 99일이 걸렸으며, 계획했던 것보다 더 빨리 마칠 수 있었답니다.

남극점을 둘러싼 경쟁

1911년 1월, 유명한 두 탐험가가 꽁꽁 얼어붙은 남극 대륙에 도착했어요. 두 사람 모두 인간이 한 번도 발을 디디지 않은 미지의 땅, 남극 정복을 목표로 했지요. 노르웨이인 로알 아문센 팀은 극지 환경에 매우 익숙한 사람들로, 스키를 타고 북극 개들의 도움을 받아 이동했어요. 반면, 영국 탐험가 로버트 팔콘 스콧은 모터 썰매와 조랑말을 사용했는데, 곧 모터가 고장 나고 조랑말들이 추위를 견디지 못해 쓰러졌어요. 스콧이 남극점에 도착했을 때는 이미 노르웨이 국기가 휘날리고 있었고, 아문센이 탐사 준비 과정을 설명한 편지 한 통이 놓여 있었지요. 노르웨이인들은 한 달 전부터 그곳에서 준비 활동을 해왔던 것이에요. 안타깝게도 스콧과 4명의 탐험가들은 돌아오는 길에 추위와 굶주림, 피곤함으로 인해 결국 얼어 죽고 말았답니다.

메리 킹슬리

메리 킹슬리는 1800년대에 활동한 영국 여성 탐험가예요. 그 당시는 여성 탐험가에게 절망적인 시기였어요. 여행을 떠나고 세상을 발견하는 것은 언제나 남자들의 몫이었거든요. 그러나 킹슬리는 그런 시선 따위에 아랑곳하지 않았어요.
아프리카 정글에서 각종 어류와 곤충들을 연구하였고, 그곳 원주민들에게 깊은 관심을 가졌어요. 다행히 원주민들과 친해져서 잡아먹히지는 않았답니다.
킹슬리는 당시 유럽 남자들이 아는 바가 거의 없었던 아프리카에 관한 두 권의 책을 썼어요.

해적과 보물

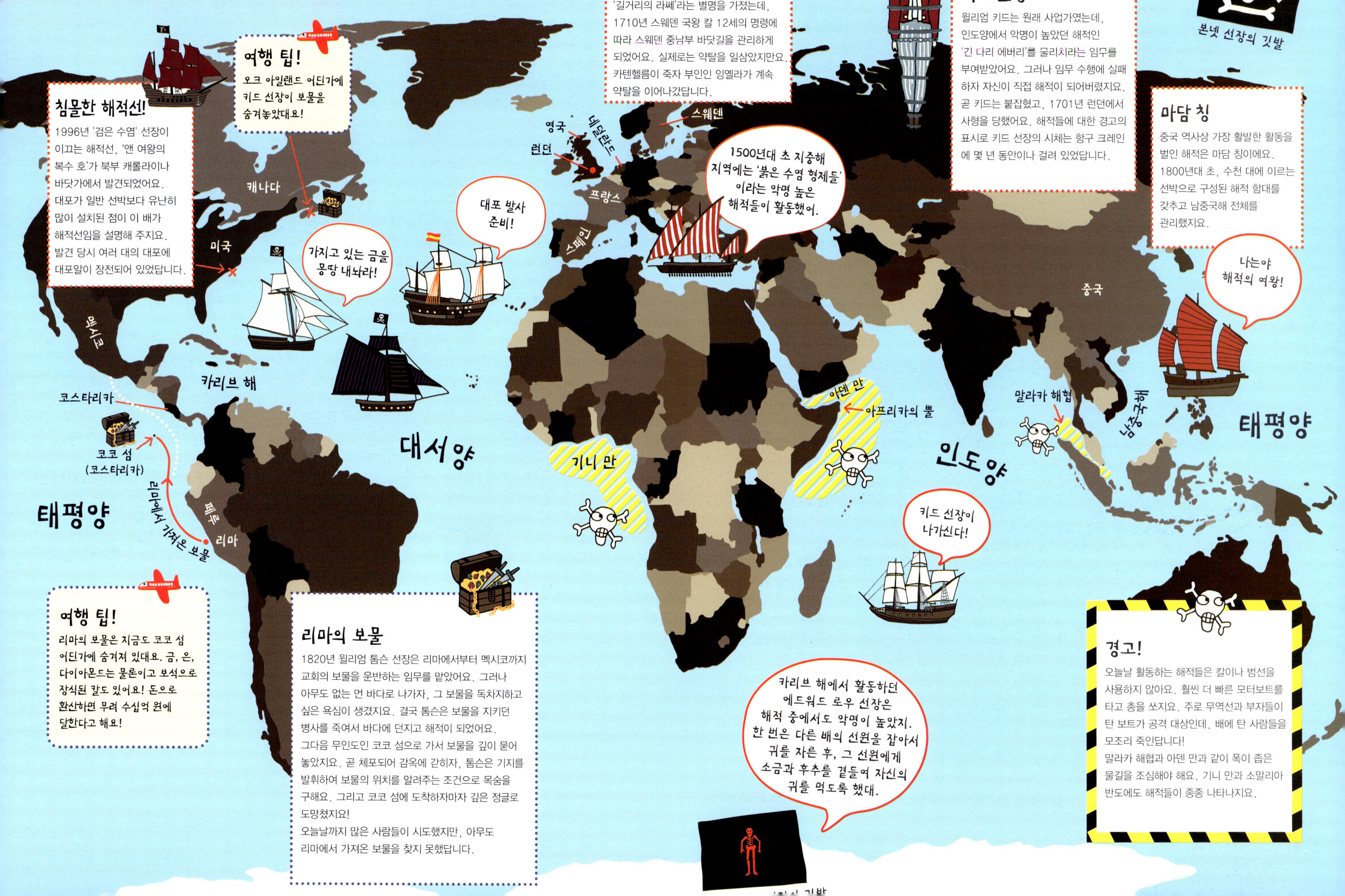

침몰한 해적선!

1996년 '검은 수염' 선장이 이끄는 해적선, '앤 여왕의 복수 호'가 북부 캐롤라이나 바닷가에서 발견되었어요. 대포가 일반 선박보다 유난히 많이 설치된 점이 이 배가 해적선임을 설명해 주지요. 발견 당시 여러 대의 대포에 대포알이 장전되어 있었답니다.

여행 팁!

오크 아일랜드 어딘가에 키드 선장이 보물을 숨겨놓았대요!

라쉬 가텐헬름

스웨덴에도 해적이 있었어요! 가텐헬름은 '길거리의 라쎄'라는 별명을 가졌는데, 1710년 스웨덴 국왕 칼 12세의 명령에 따라 스웨덴 중남부 바닷길을 관리하게 되었어요. 실제로는 약탈을 일삼았지만요. 카텐헬름이 죽자 부인인 잉엘라가 계속 약탈을 이어나갔답니다.

키드 선장

윌리엄 키드는 원래 사업가였는데, 인도양에서 악명이 높았던 해적인 '긴 다리 에버리'를 물리치라는 임무를 부여받았어요. 그러나 임무 수행에 실패하자 자신이 직접 해적이 되어버렸지요. 곧 키드는 붙잡혔고, 1701년 런던에서 사형을 당했어요. 해적들에 대한 경고의 표시로 키드 선장의 시체는 항구 크레인에 몇 년 동안이나 걸려 있었답니다.

마담 칭

중국 역사상 가장 활발한 활동을 벌인 해적은 마담 칭이에요. 1800년대 초, 수천 대에 이르는 선박으로 구성된 해적 함대를 갖추고 남중국해 전체를 관리했지요.

여행 팁!

리마의 보물은 지금도 코코 섬 어딘가에 숨겨져 있대요. 금, 은, 다이아몬드는 물론이고 보석으로 장식된 칼도 있어요! 돈으로 환산하면 무려 수십억 원에 달한다고 해요!

리마의 보물

1820년 윌리엄 톰슨 선장은 리마에서부터 멕시코까지 교회의 보물을 운반하는 임무를 맡았어요. 그러나 아무도 없는 먼 바다로 나가자, 그 보물을 독차지하고 싶은 욕심이 생겼지요. 결국 톰슨은 보물을 지키던 병사를 죽여서 바다에 던지고 해적이 되었어요. 그다음 무인도인 코코 섬으로 가서 보물을 깊이 묻어 놓았지요. 곧 체포되어 감옥에 갇히자, 톰슨은 기지를 발휘하여 보물의 위치를 알려주는 조건으로 목숨을 구해요. 그리고 코코 섬에 도착하자마자 깊은 정글로 도망쳤지요!

오늘날까지 많은 사람들이 시도했지만, 아무도 리마에서 가져온 보물을 찾지 못했답니다.

경고!

오늘날 활동하는 해적들은 칼이나 범선을 사용하지 않아요. 훨씬 더 빠른 모터보트를 타고 총을 쏘지요. 주로 무역선과 부자들이 탄 보트가 공격 대상인데, 배에 탄 사람들을 모조리 죽인답니다!

말라카 해협과 아덴 만과 같이 폭이 좁은 물길을 조심해야 해요. 기니 만과 소말리아 반도에도 해적들이 종종 나타나지요.

바다의 악당!

앤 보니와 메리 리드는 카리브 해에서 가장 유명한 해적이에요.
해적은 오래 전부터 존재했는데, 인간이 배를 타기 시작하면서부터 언제나
해상에는 도둑들이 있었어요. 역사적으로 유명한 해적과, 전설처럼 전해져
내려오지만 아직 아무도 찾지 못한 보물들의 위치를 지도에서 확인해 보세요.
또, 여행할 때 조심해야 할 바다의 위치도 찾아보세요.
해적은 여전히 있으니까요!

검은 수염의 배 '앤 여왕의 복수'

앤 보니와 메리 리드

앤 보니와 메리 리드는 카리브 해에서 악명을 떨치던 해적들이에요. 1720년에 붙잡힐 때까지 칼리코 잭 랙햄 선장의 지휘 아래에서 항해를 했어요. 비겁한 랙햄 선장은 해적선이 포위되자 보니와 리드가 싸우게 한 다음, 자신은 갑판 아래로 제일 먼저 숨어 버렸지요. 이후 보니와 리드는 감옥에 갇혔지만, 선장은 사형에 처해져 런던 로얄 항구에 매달렸답니다.

해적의 바다

카리브 해 군도는 해적들이 넘쳐났어요. 오죽하면 카리브 해를 해적의 바다라고 부를 정도였으니까요. 시간이 지나면서 해적들은 틈틈이 쉴 수 있는 공동 휴식 공간을 만들기도 했어요. 많은 해적들이 히스파니올라 섬과 뉴프로비던스 섬 사이 크고 작은 섬들과, 자메이카의 포트 로열 해안가에 거주했어요.

카리브 해의 해적들

전 세계 거의 모든 바다에 해적이 나타나지만, 1600~1700년대 카리브 해에는 해적들이 유별나게 많이 등장했어요. 그 당시 스페인 정복자들은 금과 은을 캐러 미국 땅으로 건너가곤 했고, 캐낸 보물들은 거대한 무역선에 실려 유럽으로 운송되었지요. 그러나 이 값비싼 화물을 노리는 사람들은 그들뿐만이 아니었어요. 미국 해안가에는 해적들로 들끓었는데, 해적들이 탄 작고 민첩한 배는 무거운 짐을 잔뜩 실은 스페인 선박을 쉽게 앞지를 수 있었어요. 해적 깃발을 높이 앞세우고 총과 칼로 무장한 해적들은 쉽게 갑판에 올라 보물들을 모조리 훔쳐갔답니다.

검은 수염!

에드워드 티취는 검은 수염 선장으로 더 잘 알려진 가장 악명 높은 해적 중 한 명이에요. '앤 여왕의 복수'라는 이름을 가진 해적선의 지휘 아래에서, 여러 척의 배와 수백 명의 선원들로 구성된 큰 부대를 이끌었지요! 검은 수염 선장은 카리브 해와 아프리카 서부 해안을 항해하면서 그 지역을 지나는 무역선들을 약탈했어요. 검은 수염 선장은 1718년 영국 함대와의 격전에서 사망했어요. 그러나 이 선장을 잡는 것은 쉽지 않아서, 영국 함대는 총을 5발이나 쏘고 칼로 20여 차례나 찌른 끝에 죽일 수 있었답니다.

검은 수염의 깃발

민간 무장선박

바다에서 선박을 공격하던 이들 중에는 해적이 아니라 국가의 허가를 받은 민간 무장선박도 있었어요. 왕의 허락이 담긴 문서를 기반으로 해적과 똑같이 습격과 약탈을 했지요. 약탈한 물건의 일부를 국가에 바친다는 점이 달랐지만요. 스페인이 해상 권력을 독차지하고 미국으로부터 운반되는 금은보화를 모두 강탈하는 것을 못마땅하게 여긴 영국, 네덜란드, 프랑스에서 이러한 민간 무장선박을 많이 사용했어요. 사실 미국으로부터 운반되는 금은보화는 스페인 도적들이 미국 인디언들에게서 빼앗은 것이 대부분이었지요. 한마디로 빼앗고 빼앗기는 일이 반복된 거예요.

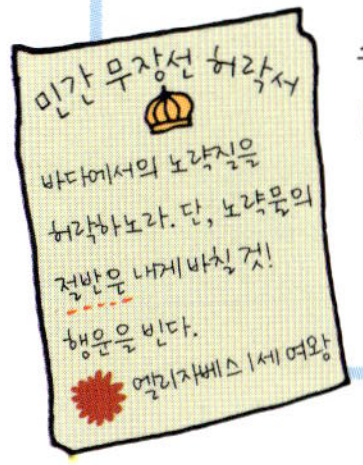

해적 깃발

해적 깃발의 종류는 정말 다양해요. 가장 일반적인 무늬는 해골과 칼이며, 해적 선장들은 모두 자기 고유의 문양을 갖고 싶어 했고 무시무시한 문양을 찾아다녔어요. 해적들은 공격 직전에 깃발을 높이 거는데, 겁에 질린 무역 선원들은 깃발만 보고도 바로 항복해 버렸지요. 해적을 상대로 싸울 자신이 있는 선원은 많지 않거든요. 그런데 가장 무서운 해적 깃발은 검은색이 아니라 붉은색이에요. 붉은 깃발이 올라가는 순간, 모든 것은 끝난 거나 다름없어요. 붉은 깃발은 배 위에 누구도 살아남을 수 없음을 뜻해요. 모두 죽거나 상어 밥이 될 테니까요.

가장 유명한 해적 깃발은
에드워드 잉글랜드 선장의 깃발이에요.

위험한 동물들

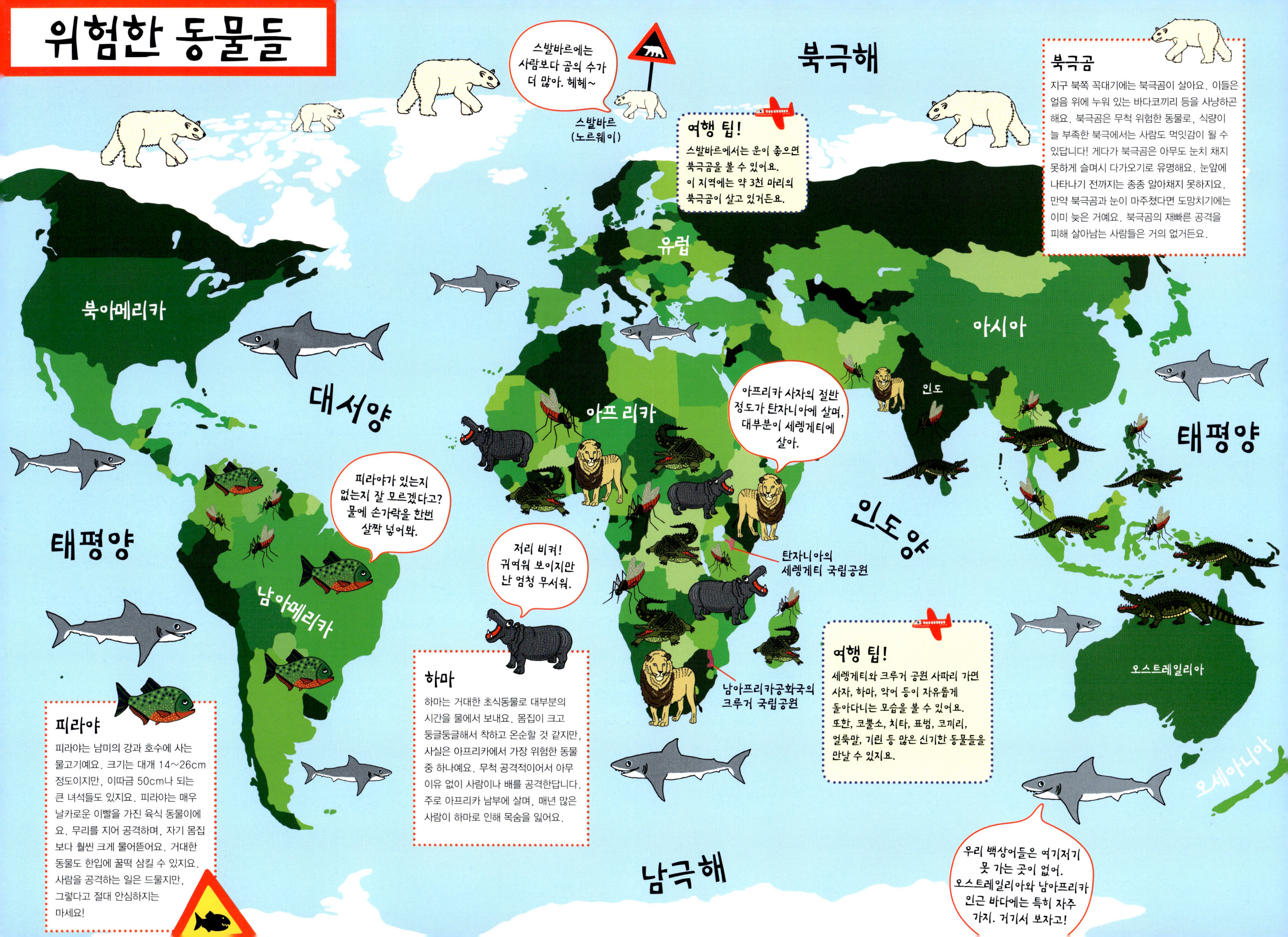

북극곰

지구 북쪽 꼭대기에는 북극곰이 살아요. 이들은 얼음 위에 누워 있는 바다코끼리 등을 사냥하곤 해요. 북극곰은 무척 위험한 동물로, 식량이 늘 부족한 북극에서는 사람도 먹잇감이 될 수 있답니다! 게다가 북극곰은 아무도 눈치 채지 못하게 슬며시 다가오기로 유명해요. 눈앞에 나타나기 전까지는 종종 알아채지 못하지요. 만약 북극곰과 눈이 마주쳤다면 도망치기에는 이미 늦은 거예요. 북극곰의 재빠른 공격을 피해 살아남는 사람들은 거의 없거든요.

여행 팁!

스발바르에서는 운이 좋으면 북극곰을 볼 수 있어요. 이 지역에는 약 3천 마리의 북극곰이 살고 있거든요.

피라야

피라야는 남미의 강과 호수에 사는 물고기예요. 크기는 대개 14~26cm 정도이지만, 이따금 50cm나 되는 큰 녀석들도 있지요. 피라야는 매우 날카로운 이빨을 가진 육식 동물이에요. 무리를 지어 공격하며, 자기 몸집보다 훨씬 크게 물어뜯어요. 거대한 동물도 한입에 꿀떡 삼킬 수 있지요. 사람을 공격하는 일은 드물지만, 그렇다고 절대 안심하지는 마세요!

하마

하마는 거대한 초식동물로 대부분의 시간을 물에서 보내요. 몸집이 크고 둥글둥글해서 착하고 온순할 것 같지만, 사실은 아프리카에서 가장 위험한 동물 중 하나예요. 무척 공격적이어서 아무 이유 없이 사람이나 배를 공격한답니다. 주로 아프리카 남부에 살며, 매년 많은 사람이 하마로 인해 목숨을 잃어요.

여행 팁!

세렝게티와 크루거 공원 사파리 가면 사자, 하마, 악어 등이 자유롭게 돌아다니는 모습을 볼 수 있어요. 또한, 코뿔소, 치타, 표범, 코끼리, 얼룩말, 기린 등 많은 신기한 동물들을 만날 수 있지요.

잠깐! 조심하세요!

세계 각지의 동물 중에서 사람에게 위험한 동물은 많지 않아요.
오히려 사람이 동물에게 가장 큰 위협이 되지요! 그렇다고 자만하지 마세요.
악어가 가득한 강에서 수영을 한다거나, 사자나 북극곰이 사는 곳에서 산책하는 것은 피하세요. 덤불숲 너머로 부스럭거리는 소리가 날 때 꼭 조심해야 할 곳들을 지도에서 찾아보세요.

사자

사자는 호랑이 다음으로 큰 고양잇과 동물이에요.
약 1만 년 전에는 아주 큰 무리가 전 세계에 흩어져 살고 있었지만, 지금은 약 2만 마리만이 남은 것으로 파악돼요. 아프리카 남부와 인도 북서부에 살며, 보통 얼룩말, 들소 등을 사냥하지요. 그러나 사람을 잡아먹는 경우도 있어요.
탄자니아에서는 사자의 사냥터 대부분이 농경지로 개발되면서, 굶주린 사자들이 사람을 공격하는 사건이 늘어나고 있어요. 배고픈 사자 떼와 이웃이 되는 건 분명히 위험한 일이에요!

백상어

백상어는 상어들 중에서도 가장 크고 위험해요.
크고 튼튼한 톱날 모양의 이빨을 가졌고, 바다의 저승사자로 유명하지요. 먼 거리에서도 바다에 퍼진 피 냄새를 바로 알아차려요. 먹을 것 없이 뼈만 많은 사람들은 백상어가 즐겨 찾는 사냥감은 아니에요.
그렇지만 백상어는 물위에 둥둥 떠다니는 것들에 대해 호기심이 많아요. 보트나 서핑보드, 수영하는 사람들 말이지요. 살짝 맛만 보고 떠나므로, 백상어의 공격을 받아도 살아남는 사람들이 많아요. 물론 큰 상처가 남기는 하지만요.

악어

세상에는 수많은 종류의 악어가 있지만, 그중 두 종류의 악어가 우리에게 위험해요. 아프리카에 사는 나일 악어와 오스트레일리아, 아시아 일부 지역의 바다에서 사는 델타 악어가 바로 그들이에요.
길이는 약 5m에 이르고 겁이 없으며, 매우 공격적이지요. 악어는 먹잇감이 해안으로 다가올 때까지 감쪽같이 수면 아래에 숨어 있어요. 사냥할 때는 너무 빨라서 물 위로 날아오르는 것 같이 보이며, 단 몇 초 안에 끝난답니다.

도와주세요! 모기가…

사람에게 가장 위험한 동물은 무엇일까요? 성난 사자? 굶주린 북극곰? 혹은 잔뜩 약이 오른 악어? 아니에요. 우리를 정말 귀찮게 하는 작은 곤충, 말라리아모기예요. 더 정확하게 말하자면 모기보다는 모기에게 물렸을 때 걸리는 질병이 위험한 것이지요. 말라리아는 높은 고열을 일으키는, 세상에서 가장 위험하면서도 흔한 질병 중 하나예요. 가난한 나라에서는 종종 치료약이 부족해서, 매년 50만 명 이상이 이 질병으로 사망해요. 말라리아는 특히 아프리카에서 가장 흔히 발생하지요.

높은 산

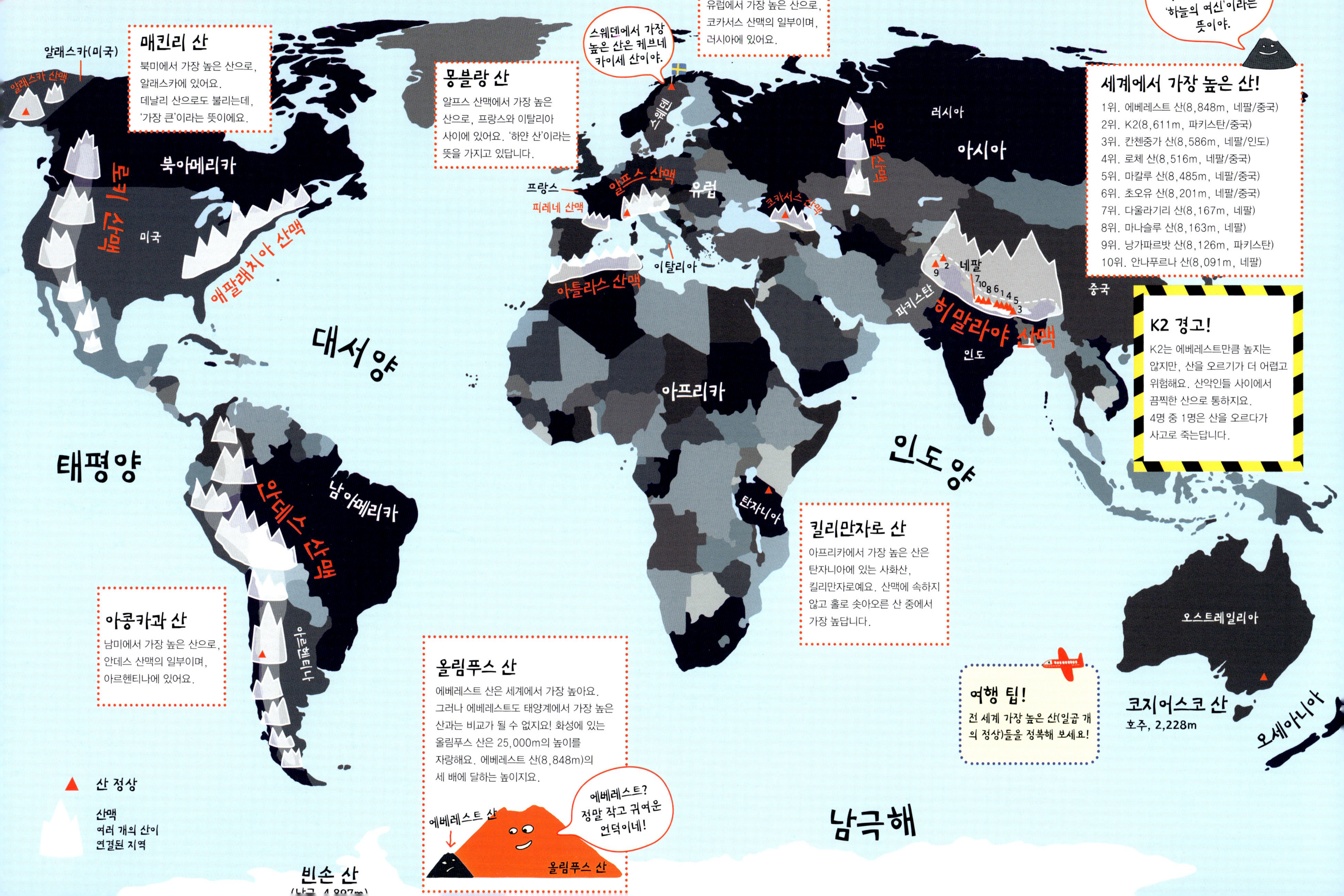

매킨리 산

북미에서 가장 높은 산으로, 알래스카에 있어요. 데날리 산으로도 불리는데, '가장 큰'이라는 뜻이에요.

몽블랑 산

알프스 산맥에서 가장 높은 산으로, 프랑스와 이탈리아 사이에 있어요. '하얀 산'이라는 뜻을 가지고 있답니다.

엘브러즈 산

유럽에서 가장 높은 산으로, 코카서스 산맥의 일부이며, 러시아에 있어요.

세계에서 가장 높은 산!

1위. 에베레스트 산(8,848m, 네팔/중국)
2위. K2(8,611m, 파키스탄/중국)
3위. 칸첸중가 산(8,586m, 네팔/인도)
4위. 로체 산(8,516m, 네팔/중국)
5위. 마칼루 산(8,485m, 네팔/중국)
6위. 초오유 산(8,201m, 네팔/중국)
7위. 다울라기리 산(8,167m, 네팔)
8위. 마나슬루 산(8,163m, 네팔)
9위. 낭가파르밧 산(8,126m, 파키스탄)
10위. 안나푸르나 산(8,091m, 네팔)

K2 경고!

K2는 에베레스트만큼 높지는 않지만, 산을 오르기가 더 어렵고 위험해요. 산악인들 사이에서 끔찍한 산으로 통하지요. 4명 중 1명은 산을 오르다가 사고로 죽는답니다.

킬리만자로 산

아프리카에서 가장 높은 산은 탄자니아에 있는 사화산, 킬리만자로예요. 산맥에 속하지 않고 홀로 솟아오른 산 중에서 가장 높답니다.

아콩카과 산

남미에서 가장 높은 산으로, 안데스 산맥의 일부이며, 아르헨티나에 있어요.

올림푸스 산

에베레스트 산은 세계에서 가장 높아요. 그러나 에베레스트도 태양계에서 가장 높은 산과는 비교가 될 수 없지요! 화성에 있는 올림푸스 산은 25,000m의 높이를 자랑해요. 에베레스트 산(8,848m)의 세 배에 달하는 높이지요.

여행 팁!

전 세계 가장 높은 산(일곱 개의 정상)들을 정복해 보세요!

코지어스코 산

호주, 2,228m

지구에서 가장 높은 산들!

전 세계 어디를 가도 늘 산이 보여요. 금방 오를 수 있는 산이 있는 반면, 목숨을 걸고 노력해야 간신히 정상에 오를 수 있는 산도 있지요. 그리고 그런 도전을 좋아하는 용감한 사람들이 있어요.

산은 대부분 다른 산들과 연결되어 산맥을 이루지요. 세계에서 제일 높은 산맥은 히말라야 산맥이며, 가장 긴 산맥은 안데스 산맥이에요. 최고의 경치를 감상하기 위해 어디로 가야할지 지도에서 확인해 보세요!

히말라야

세계에서 가장 높은 히말라야 산맥은 중국과 인도 사이에 있어요. 지구상 다른 어떤 곳에서도 이렇게 높은 산맥을 볼 수 없어요. 해발 7,200m 이상인, 100개가 넘는 산들이 서로 연결되어 있지요. 아시아 이외의 지역에서 가장 높은 산은 아콩카과 산으로, 겨우 해발 6,962m 밖에 되지 않아요. 가장 높고도 유명한 산은 그 이름도 웅장한 에베레스트 산이지요. 해발 8,848m랍니다!

에베레스트 산

1920년대에는 누가 세상에서 제일 높은 산에 가장 먼저 오르는지를 겨루는 대회가 시작되었어요. 그러나 곧 매우 어렵고 위험한 일이라는 걸 깨닫게 되지요. 많은 전문 산악인들이 에베레스트를 오르는데 실패하였으며, 목숨을 잃기도 했어요.

1953년, 마침내 에드먼드 힐러리와 텐징 노르게이가 정상까지 오르는 데 성공했어요. 사람이 그렇게 높은 곳에 올라간 것은 전에 없던 일이에요. 지구 최정상에 15분간 머물렀다가 산에서 내려온 두 사람은 세계적인 유명 인사가 되었답니다.

등산 장비

높은 산에 오르려면 준비를 철저히 해야 해요. 아래로 굴러 떨어지거나 만년설의 틈에 빠지는 것뿐만 아니라 종종 예상치 못한 태풍이나 눈사태를 만나게 되니까요. 게다가 무척 기온이 낮아서 동상에 걸리기도 쉬워요. 산 정상 가까이에 이를수록 대기 내 산소 함유량이 적어서, 정말 높은 산꼭대기에서는 숨쉬기조차 힘들지요. 높은 산을 오르는 등산가들은 대부분 산소통을 매고 간답니다.

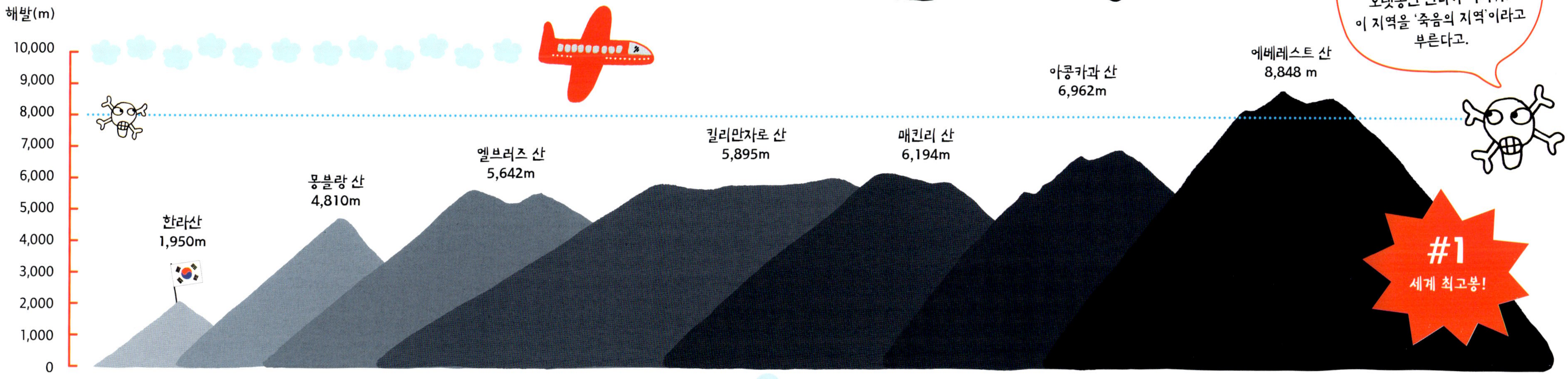

큰 바다 - 대양

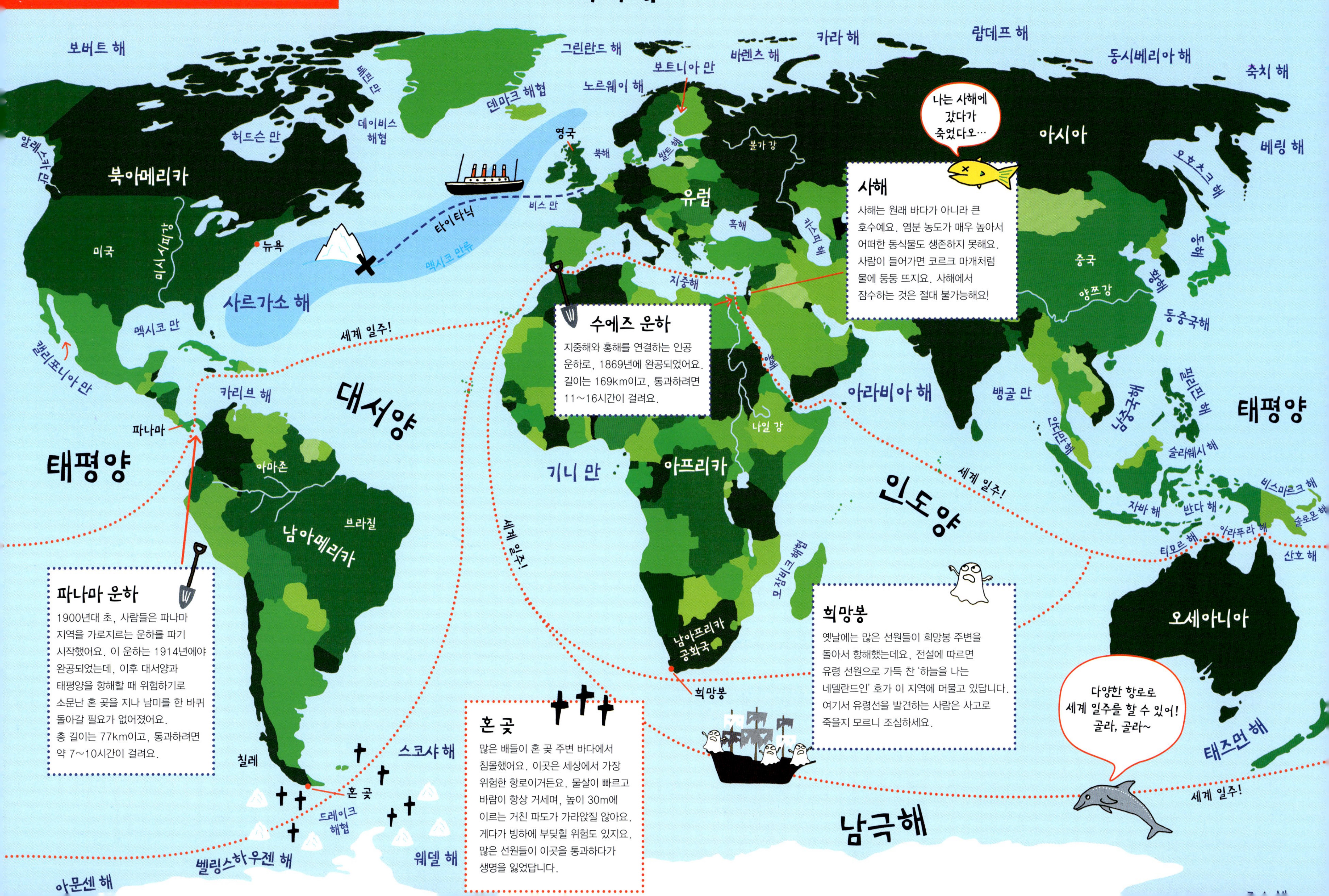

사해

사해는 원래 바다가 아니라 큰 호수예요. 염분 농도가 매우 높아서 어떠한 동식물도 생존하지 못해요. 사람이 들어가면 코르크 마개처럼 물에 둥둥 뜨지요. 사해에서 잠수하는 것은 절대 불가능해요!

수에즈 운하

지중해와 홍해를 연결하는 인공 운하로, 1869년에 완공되었어요. 길이는 169km이고, 통과하려면 11~16시간이 걸려요.

파나마 운하

1900년대 초, 사람들은 파나마 지역을 가로지르는 운하를 파기 시작했어요. 이 운하는 1914년에야 완공되었는데, 이후 대서양과 태평양을 항해할 때 위험하기로 소문난 혼 곶을 지나 남미를 한 바퀴 돌아갈 필요가 없어졌어요. 총 길이는 77km이고, 통과하려면 약 7~10시간이 걸려요.

혼 곶

많은 배들이 혼 곶 주변 바다에서 침몰했어요. 이곳은 세상에서 가장 위험한 항로이거든요. 물살이 빠르고 바람이 항상 거세며, 높이 30m에 이르는 거친 파도가 가라앉질 않아요. 게다가 빙하에 부딪힐 위험도 있지요. 많은 선원들이 이곳을 통과하다가 생명을 잃었답니다.

희망봉

옛날에는 많은 선원들이 희망봉 주변을 돌아서 항해했는데요, 전설에 따르면 유령 선원으로 가득 찬 '하늘을 나는 네덜란드인' 호가 이 지역에 머물고 있답니다. 여기서 유령선을 발견하는 사람은 사고로 죽을지 모르니 조심하세요.

거대한 푸른 물결

지구 대부분이 바다라는 걸 알고 있지요? 바다는 지구 면적의 71%를 차지해요.
대륙으로 둘러싸인 바다를 대양이라고 하며, 대서양, 태평양, 인도양, 남극해, 북극해,
이렇게 5개의 대양이 있어요. 그리고 대양은 더 작은 단위인 바다로 나뉘지요.
지도에서 각 바다의 이름을 확인한 다음, 배를 타고 세계를 한 바퀴 여행한다면 어떤 바다를
지날지 상상해 보세요. 반드시 피해야 할 위험한 바다의 위치도 꼭 확인하고요!

대양

지구상에는 북미, 남미, 유럽, 아프리카, 아시아, 오세아니아, 남극의 7개 대륙이 있어요. 그리고 대륙과 대륙 사이에는 다섯 개의 큰 바다, 대양이 있지요.
가장 큰 대양은 미국과 아시아 사이에 위치한 태평양이에요. 태평양의 면적은 7개 대륙 전체를 합친 것보다도 크답니다.
두 번째로 큰 대양은 대서양이에요.
대서양 서쪽에서 북쪽으로는 멕시코 만류가 흘러요.
이 따뜻한 멕시코 만류가 없었더라면 유럽은 지금보다 훨씬 추울 거예요. 또, 세계에서 가장 큰 강인 아마존 강과 미시시피 강, 나일 강이 지중해를 지나 대서양으로 흘러들어요.
인도양은 아프리카와 아시아, 오세아니아 사이에 위치한 바다예요. 인도양은 대양 중에서도 가장 수온이 높은데, 여러 곳에서 흘러온 난류가 이곳에서 만나지요.
지구 남쪽 끝에는 남극해가 있어요. 빙하로 뒤덮인 땅인 남극을 둘러싸고 있으며, 이곳에 남극점이 있답니다.
한편, 남극 반대편 꼭대기에도 얼음으로 뒤덮인 바다가 있어요. 북극점은 북극해에 있는데, 이곳은 그저 빙산일 뿐 실제 대륙은 아니에요. 북극해와 남극해에서는 바다 위를 떠다니는 거대한 빙하를 만날 수 있지요.

소금물

바닷물이 짠 건 다들 알지요? 바닷물은 맛이 없어서 먹고 싶지도 않지만, 마시면 매우 위험해요. 갈증이 나서 죽을 것 같더라도 절대 바닷물을 마셔서는 안 돼요. 이것은 죽음을 재촉하는 길이니까요.
바닷물은 우리 몸이 소화할 수 있는 양보다 훨씬 많은 양의 소금을 함유하고 있어요. 그래서 소금물을 마시면 탈수 증상이 오고, 더욱 갈증을 느끼는 거예요.
그러면 바다 한가운데 있는 무인도에서 목이 마를 때는 어떻게 해야 할까요? 살아남으려면 염분이 없는 민물을 확보해야 해요. 바가지를 만들어서 비가 오기를 기다리는 것도 방법이지요.

침몰한 타이타닉 호

대서양 바다 깊숙한 곳에는 세계에서 가장 유명한 여객선 타이타닉 호가 가라앉아 있어요.
타이타닉 호는 2,000명의 승객을 싣고 영국을 출발해서 미국으로 가던 거대한 증기선이었지요. 이 배는 빠른 속도로 가다가 빙하에 부딪혀 물이 차면서 가라앉기 시작했어요. 이러한 사고를 당하리라고 전혀 예상하지 못하고 구조선을 충분히 준비하지 않았던 탓에, 1,500명이 넘는 승객들이 얼음장처럼 차가운 바다에 빠지고 말았어요.
가라앉은 배는 1985년에 발견되었으며, 여전히 해저 3,800m에 머물고 있답니다.

바닷속 깊은 계곡 - 해구

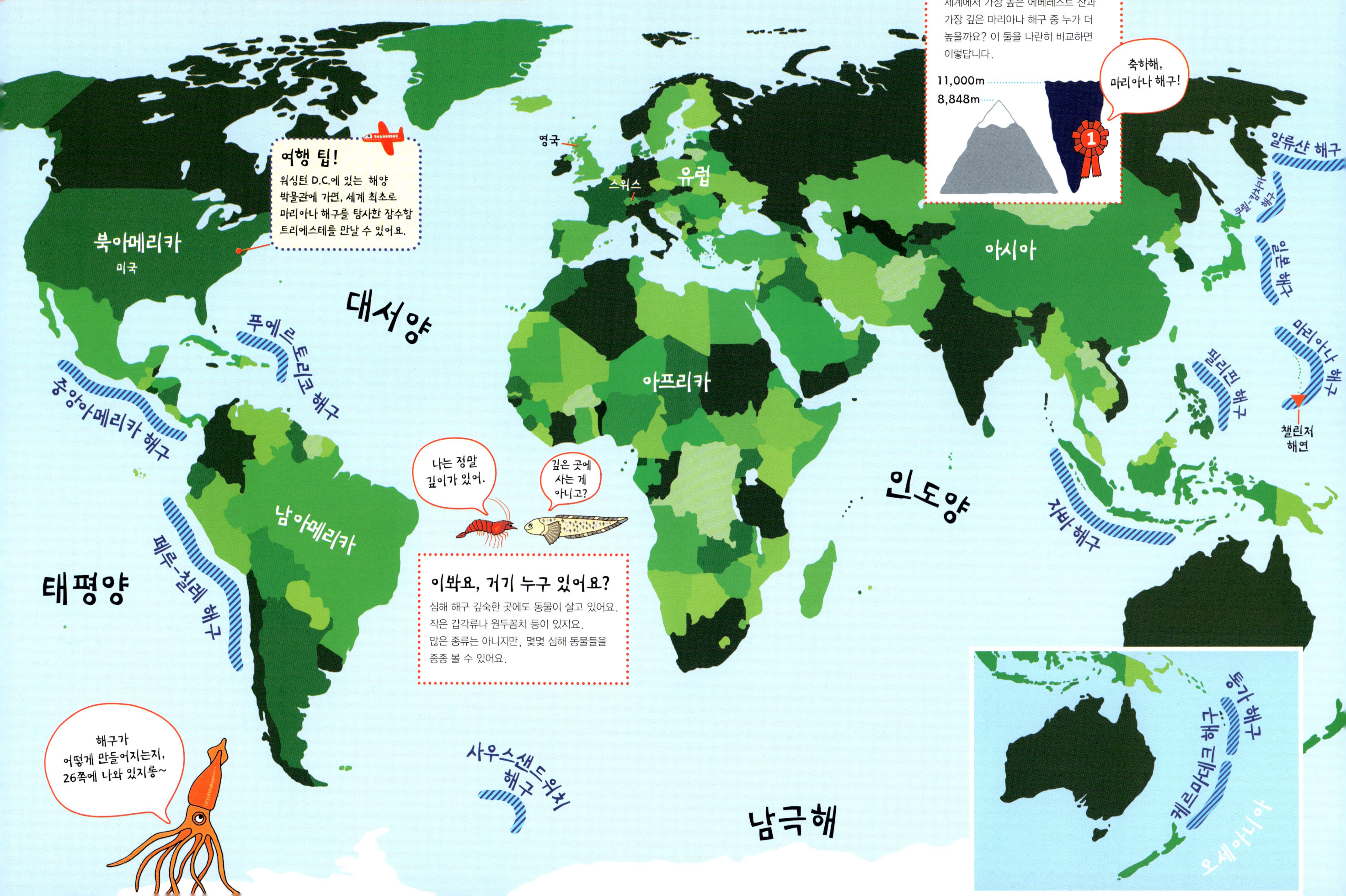

높이 경쟁!

세계에서 가장 높은 에베레스트 산과 가장 깊은 마리아나 해구 중 누가 더 높을까요? 이 둘을 나란히 비교하면 이렇답니다.

여행 팁!

워싱턴 D.C.에 있는 해양 박물관에 가면, 세계 최초로 마리아나 해구를 탐사한 잠수함 트리에스테를 만날 수 있어요.

이봐요, 거기 누구 있어요?

심해 해구 깊숙한 곳에도 동물이 살고 있어요. 작은 갑각류나 원두꼼치 등이 있지요. 많은 종류는 아니지만, 몇몇 심해 동물들을 종종 볼 수 있어요.

바닷속 깊고 어두운 곳으로…

바다는 무척 깊어요. 우리가 물놀이나 낚시를 하는 곳은 그저 바다의 표면일 뿐이에요. 그 아래에는 거대한 해구가 발달해 있지요. 해구는 해저에 생긴, 길고 가늘게 갈라진 계곡인데요, 이렇게 깊은 바닷속에는 햇빛이 전혀 들어오지 못하므로 무척 어둡고 물도 차가워요. 전 세계 바다에서, 아니 지구상에서 가장 깊은 장소가 바로 이 해구랍니다. 정말 깊은 곳에서 잠수를 하려면 어디로 가야하는지 지도에서 찾아보세요!

마리아나 해구

마리아나 해구에는 지구상 해구 중 가장 깊은 계곡이 발달했어요. 이 해구는 태평양 마리아나 제도 근처에 길고도 깊게 뻗어있지요.
1875년 영국의 탐사선 챌린저 호가 세계 곳곳의 해저를 탐사하다가 이 해구를 처음 발견했어요. 이 해구에서 가장 깊은 곳은 챌린저 호의 이름을 따서 챌린저 해연이라고 불려요. 마리아나 해구의 남쪽에 있는데, 그 깊이가 해수면으로부터 무려 11,000m가 넘는답니다!

심해에 사는 동물

깊은 바닷속은 차갑고 어둡지만, 많은 동물들이 살고 있어요. 거대한 문어나 심해 해파리를 비롯해서 각종 물고기와 상어들이 서식하지요. 심지어 고래나 물개 종류와 같이 바다 밑 수천 미터를 잠수할 수 있는 포유류도 만날 수 있어요. 그리고 펠리컨 장어, 심해 아귀, 바이퍼피시와 같은 특이한 물고기도 있지요. 괴물같이 생긴 세 물고기는 모두 날카로운 이빨이 촘촘하게 난 큰 입을 가졌답니다.
햇빛이 닿지 않는 깊은 바다에는 식물이 자라지 못해서 먹을 것이 부족해요. 그래서 서로 잡아먹거나 물속에 가라앉은 죽은 동물을 먹기도 하지요.

잠수함 트리에스테

현재까지 마리아나 해구에 도달한 사람은 전 세계에서 딱 세 명뿐이에요. 1960년 스위스인 자크 피카르와 미국인 돈 월시가 특수 잠수함 트리에스테 호를 타고 최초로 마리아나 해구에 접근했어요. 마리아나 해구의 바닥까지 도달하는데 총 4시간 47분이 걸렸는데요, 잠수함 안은 냉장고 속처럼 추웠답니다.
이들은 해구 바닥에 도달했을 때, 물고기 한 마리가 놀라며 달아나는 것을 보았어요. 약 20분간 머물면서 초콜릿을 먹고 다시 해상으로 올라왔지요. 지구에서 가장 깊은 곳을 다녀온 이 여행은 8시간이 넘게 걸렸답니다.

지구의 표면 - 대륙판과 해양판

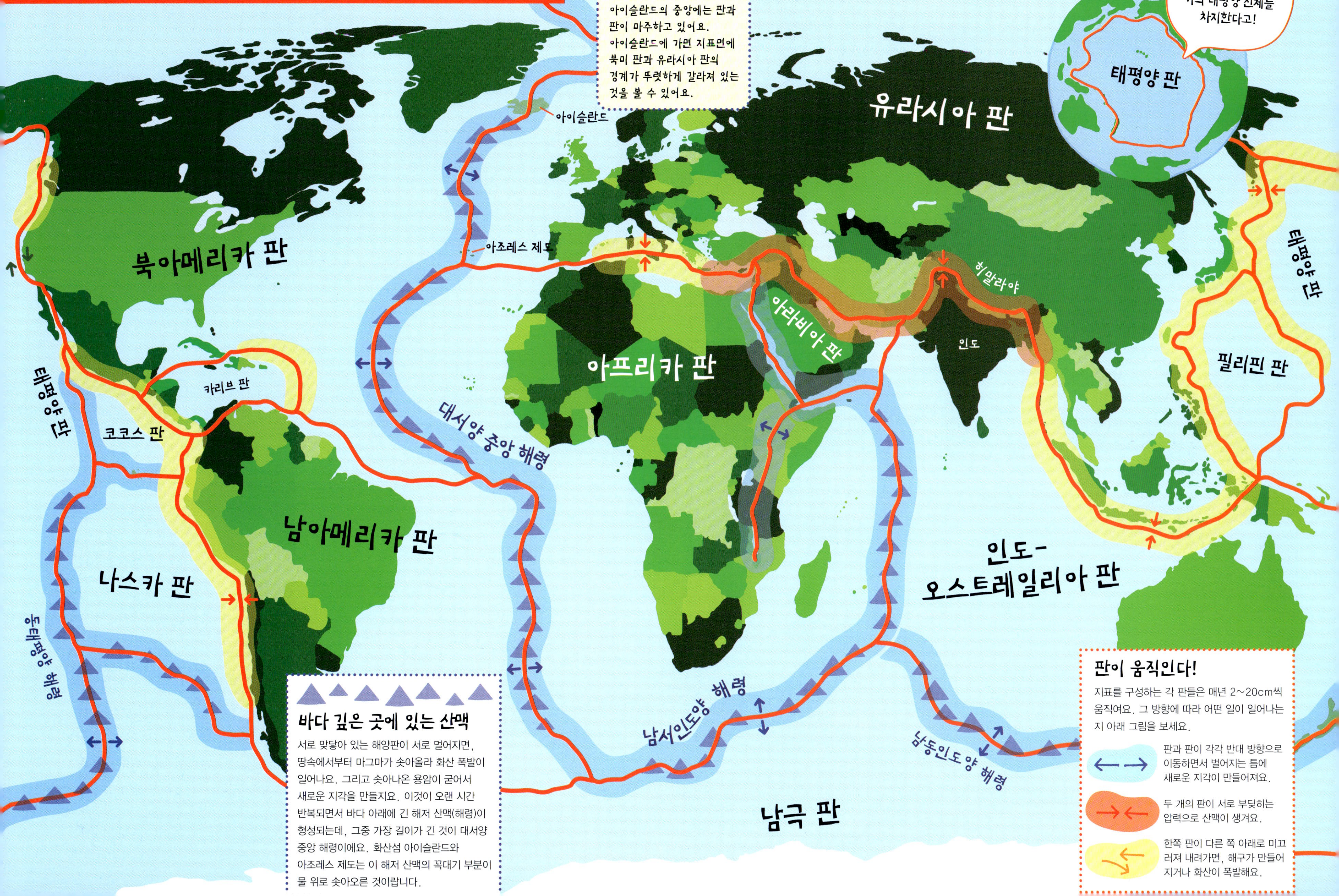

여행 팁!

아이슬란드의 중앙에는 판과 판이 마주하고 있어요. 아이슬란드에 가면 지표면에 북미 판과 유라시아 판의 경계가 뚜렷하게 갈라져 있는 것을 볼 수 있어요.

바다 깊은 곳에 있는 산맥

서로 맞닿아 있는 해양판이 서로 멀어지면, 땅속에서부터 마그마가 솟아올라 화산 폭발이 일어나요. 그리고 솟아나온 용암이 굳어서 새로운 지각을 만들지요. 이것이 오랜 시간 반복되면서 바다 아래에 긴 해저 산맥(해령)이 형성되는데, 그중 가장 길이가 긴 것이 대서양 중앙 해령이에요. 화산섬 아이슬란드와 아조레스 제도는 이 해저 산맥의 꼭대기 부분이 물 위로 솟아오른 것이랍니다.

판이 움직인다!

지표를 구성하는 각 판들은 매년 2~20cm씩 움직여요. 그 방향에 따라 어떤 일이 일어나는지 아래 그림을 보세요.

- 판과 판이 각각 반대 방향으로 이동하면서 벌어지는 틈에 새로운 지각이 만들어져요.
- 두 개의 판이 서로 부딪히는 압력으로 산맥이 생겨요.
- 한쪽 판이 다른 쪽 아래로 미끄러져 내려가면, 해구가 만들어지거나 화산이 폭발해요.

세상에서 가장 큰 퍼즐!

지구의 표면인 지각은 거대한 판으로 이루어져 있어요. 판은 거대한 퍼즐처럼 서로 나란히 맞대어 있고, 이 판들은 조금씩 끊임없이 움직이지요. 판들이 부딪히는 순간, 흥미진진한 일이 일어나는데요, 지진이나 화산 폭발이 일어나기도 하고, 해구나 높은 산, 새로운 지각이 생기기도 한답니다! 각 판들의 경계가 어느 곳을 지나는지, 이름은 무엇이고 어느 방향으로 움직이는지 지도에서 확인해 보세요.

판게아

지각이 이동하면 대륙도 함께 움직여요.
이렇게 지구의 모습은 끊임없이 조금씩 변하고 있지요.
아주 오래전 대륙은 하나로 뭉쳐져 있었고,
그 주변으로 판탈라사 해가 흐르고 있었어요.
시간이 흐르면서 판게아 대륙은 오늘날 6개 대륙으로 흩어졌어요. 북미, 남미, 유라시아, 아프리카, 오스트레일리아, 그리고 남극으로요. 우리는 남미와 아프리카 대륙이 두 개의 퍼즐 조각처럼 딱 들어맞는 것을 볼 수 있어요.

지구 내부의 구조

지구 한가운데에는 철분과 니켈 등 금속 성분으로 이루어진 단단하고 무거운 **핵**이 자리하고 있어요. 온도는 약 4천도가 넘지요! 핵의 외부는 **맨틀**로 둘러싸여 있는데요, 맨틀은 매우 끈적끈적하고 뜨겁게 불타는 액체 상태의 마그마로 이루어져 있어요. 한편, 지구의 가장 겉에는 **지각**이 자리하고 있어요. 지각은 맨틀 위를 떠다니는 돌로 이루어진 얇은 껍질로, 대륙판과 해양판으로 이루어져요. 두께가 5~70km이며, 대륙의 아래에 위치한 부분이 가장 두껍고, 바닷속에 위치한 부분은 상대적으로 얇답니다.

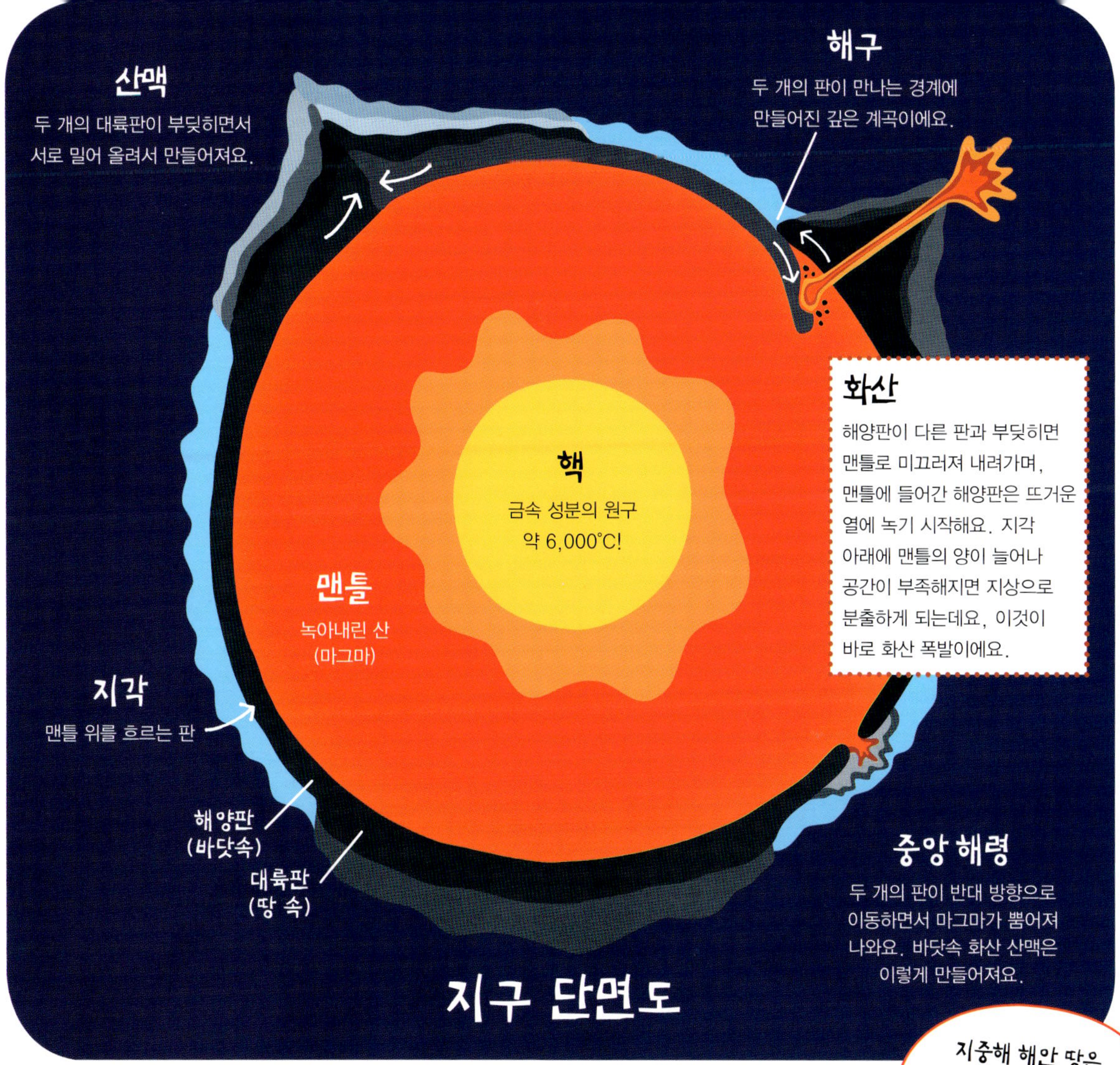

지구 단면도

2억 3천만 년 전 지구는 이렇게 생겼어요.
모든 대륙이 붙어서 판게아라는
하나의 거대한 대륙을 이루고 있었지요.

약 7천만 년 전 판게아 대륙은
6개의 대륙으로 나뉘었고,
인도가 하나의 섬처럼 떨어져 나왔지요.

오늘날 세계의 모습이에요.
인도가 유라시아 대륙에 붙으면서
히말라야 산맥이 생겼어요.

앞으로 1억 5천만 년 후 세상은 이렇게 변할지도 몰라요.
아프리카는 유라시아 대륙에 붙고,
오스트레일리아는 조금씩 남극과 연결되고요.

화산과 지진

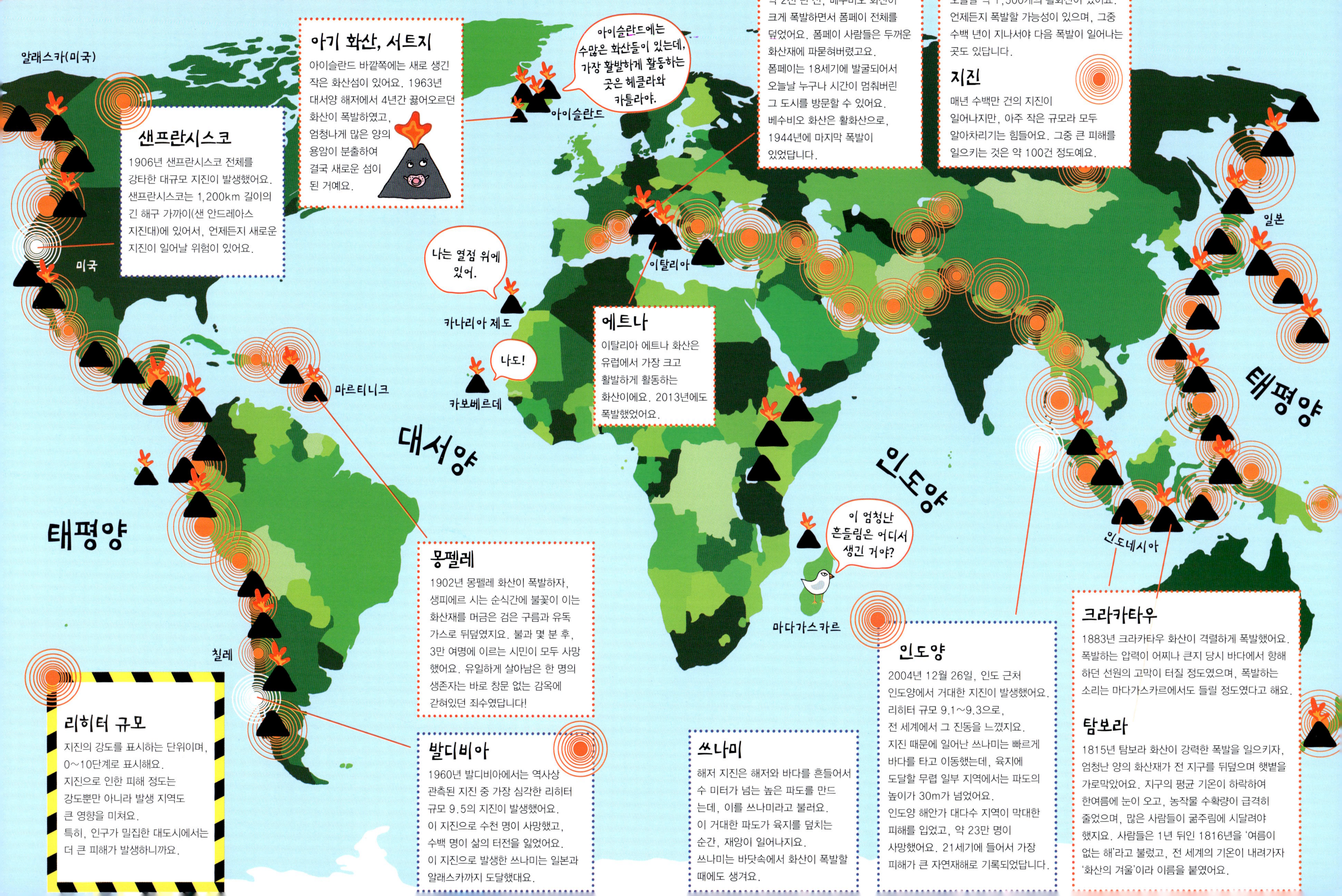

아기 화산, 서트지

아이슬란드 바깥쪽에는 새로 생긴 작은 화산섬이 있어요. 1963년 대서양 해저에서 4년간 끓어오르던 화산이 폭발하였고, 엄청나게 많은 양의 용암이 분출하여 결국 새로운 섬이 된 거예요.

베수비오

약 2천 년 전, 베수비오 화산이 크게 폭발하면서 폼페이 전체를 덮었어요. 폼페이 사람들은 두꺼운 화산재에 파묻혀버렸고요. 폼페이는 18세기에 발굴되어서 오늘날 누구나 시간이 멈춰버린 그 도시를 방문할 수 있어요. 베수비오 화산은 활화산으로, 1944년에 마지막 폭발이 있었답니다.

화산

오늘날 약 1,500개의 활화산이 있어요. 언제든지 폭발할 가능성이 있으며, 그중 수백 년이 지나서야 다음 폭발이 일어나는 곳도 있답니다.

지진

매년 수백만 건의 지진이 일어나지만, 아주 작은 규모라 모두 알아차리기는 힘들어요. 그중 큰 피해를 일으키는 것은 약 100건 정도예요.

샌프란시스코

1906년 샌프란시스코 전체를 강타한 대규모 지진이 발생했어요. 샌프란시스코는 1,200km 길이의 긴 해구 가까이(샌 안드레아스 지진대)에 있어서, 언제든지 새로운 지진이 일어날 위험이 있어요.

에트나

이탈리아 에트나 화산은 유럽에서 가장 크고 활발하게 활동하는 화산이에요. 2013년에도 폭발했었어요.

몽펠레

1902년 몽펠레 화산이 폭발하자, 생피에르 시는 순식간에 불꽃이 이는 화산재를 머금은 검은 구름과 유독 가스로 뒤덮였지요. 불과 몇 분 후, 3만 여명에 이르는 시민이 모두 사망했어요. 유일하게 살아남은 한 명의 생존자는 바로 창문 없는 감옥에 갇혀있던 죄수였답니다!

리히터 규모

지진의 강도를 표시하는 단위이며, 0~10단계로 표시해요. 지진으로 인한 피해 정도는 강도뿐만 아니라 발생 지역도 큰 영향을 미쳐요. 특히, 인구가 밀집한 대도시에서는 더 큰 피해가 발생하니까요.

발디비아

1960년 발디비아에서는 역사상 관측된 지진 중 가장 심각한 리히터 규모 9.5의 지진이 발생했어요. 이 지진으로 수천 명이 사망했고, 수백 명이 삶의 터전을 잃었어요. 이 지진으로 발생한 쓰나미는 일본과 알래스카까지 도달했대요.

쓰나미

해저 지진은 해저와 바다를 흔들어서 수 미터가 넘는 높은 파도를 만드는데, 이를 쓰나미라고 불러요. 이 거대한 파도가 육지를 덮치는 순간, 재앙이 일어나지요. 쓰나미는 바닷속에서 화산이 폭발할 때에도 생겨요.

인도양

2004년 12월 26일, 인도 근처 인도양에서 거대한 지진이 발생했어요. 리히터 규모 9.1~9.3으로, 전 세계에서 그 진동을 느꼈지요. 지진 때문에 일어난 쓰나미는 빠르게 바다를 타고 이동했는데, 육지에 도달할 무렵 일부 지역에서는 파도의 높이가 30m가 넘었어요. 인도양 해안가 대다수 지역이 막대한 피해를 입었고, 약 23만 명이 사망했어요. 21세기에 들어서 가장 피해가 큰 자연재해로 기록되었답니다.

크라카타우

1883년 크라카타우 화산이 격렬하게 폭발했어요. 폭발하는 압력이 어찌나 큰지 당시 바다에서 항해하던 선원의 고막이 터질 정도였으며, 폭발하는 소리는 마다가스카르에서도 들릴 정도였다고 해요.

탐보라

1815년 탐보라 화산이 강력한 폭발을 일으키자, 엄청난 양의 화산재가 전 지구를 뒤덮으며 햇볕을 가로막았어요. 지구의 평균 기온이 하락하여 한여름에 눈이 오고, 농작물 수확량이 급격히 줄었으며, 많은 사람들이 굶주림에 시달려야 했지요. 사람들은 1년 뒤인 1816년을 '여름이 없는 해'라고 불렀고, 전 세계의 기온이 내려가자 '화산의 겨울'이라 이름을 붙였어요.

지구 내부로부터의 인사

지진과 화산 폭발은 지구 내부에서 보내는 격렬한 인사예요.
지각이 움직이면서 부딪히거나 미끄러질 때, 지진이나 화산 분출이 일어나지요.
가끔은 두 가지가 동시에 발생하기도 하고요.
지도에서 세계 곳곳에 있는 화산을 확인하고, 어느 곳에서 지진의 피해가 가장 심각할지 확인해 보세요. 일부 지역은 다른 지역보다 조금 더 쉽게 흔들리기도 한답니다.

지구별 친구들, 안녕!
지구 내부에 불꽃이 뜨겁게 일어서 가끔씩 말썽이 생기기도 해.
미안~
- 지구가

보내는 사람: 태양계의 지구

지진

큰 지진이 일어나면, 지반이 위아래와 좌우로 흔들려서 땅이 갈라지며, 도로와 다리, 건물이 무너져요. 종종 화산 폭발음도 들리고요. 지진이 위험한 이유는 지반이 흔들려서가 아니라 그 위에 세워진 건물들이 무너지면서 큰 피해를 일으키기 때문이지요. 많은 사람들이 무너진 건물에 깔려 죽으니까요. 지진은 지구의 판이 만나는 경계선에서 주로 일어나요. 따라서 어느 곳이 지진 발생 위험이 가장 높은지 미리 알 수 있어요. 그러나 언제 화산이 폭발할지는 아무도 예측할 수 없답니다.

화산

화산 중에는 용암이 경사면을 타고 조용히 흘러내리는 얌전한 화산도 있는가 하면, 용암, 화산재, 돌, 그리고 몸에 해로운 가스를 격렬하게 뿜어내는 폭발성 화산도 있어요. 이런 화산은 매우 위험하지요. 용암은 일반적으로 천천히 흘러내려서 사람들에게 도망갈 시간을 주지만, 가스와 화산재 구름은 급속도로 빠르게 퍼져요. 두꺼운 화산재 층이 화산 주변 지역을 덮어버리고, 독한 가스는 생명을 위협할 수 있으니 조심하세요!

마우나로아 산

전 세계에서 가장 큰 화산인 마우나로아 산은 태평양 한가운데 하와이에 있어요. 하와이 제도의 섬들은 모두 바닷속 화산 폭발로 생성되었고, 마우나로아 산과 그 이웃 섬인 킬라우에아 산은 매우 활발하게 활동 중이에요. 마우나로아 산은 마지막으로 1983년에 폭발하였고, 킬라우에아 산은 지난 30년간 꾸준히 크고 작은 폭발이 일어났지요. 지금 하와이 남동쪽에는 새로운 섬이 만들어지고 있어요. 바닷속에서 화산이 폭발하였는데, 아직 해수면 위로 솟아올라오지는 못했고, 여전히 산으로 남아있지요. 수백 년 후에는 이 섬으로 여름휴가를 떠날 수 있지 않을까요?

하와이 제도 (미국)

열점

화산 대부분이 지각이 서로 만나는 지점에서 일어나지만, 그렇지 않은 경우도 있어요. 하와이 제도에 있는 화산들이 그러하지요. 하와이 화산들은 **열점**에서부터 시작되는데, 열점은 무척 뜨거운 마그마로 가득 찬 맨틀에 있답니다.

불의 고리

(The Ring of Fire)

태평양 주변 해안선을 따라 화산들이 둥글게 자리 잡고 있어요. 그래서 이 지역을 불의 고리라고 부르기도 해요. 전 세계에서 지진과 화산 폭발이 가장 잦은 곳이랍니다.

유럽

30

국가 / 수도 •

그리스 / 아테네
네덜란드 / 암스테르담
노르웨이 / 오슬로
덴마크 / 코펜하겐
독일 / 베를린
라트비아 / 리가
러시아 / 모스크바
루마니아 / 부쿠레슈티
룩셈부르크 / 룩셈부르크
리투아니아 / 빌뉴스
리히텐슈타인 / 파두츠
마케도니아 / 스코페
모나코 / 모나코
몬테네그로 / 포드고리차
몰도바 / 키시너우
몰타 / 발레타
바티칸 시국 / 바티칸시티
벨기에 / 브뤼셀
벨라루스 / 민스크
보스니아
헤르체고비나 / 사라예보
불가리아 / 소피아
산마리노 / 산마리노
세르비아 / 베오그라드
스웨덴 / 스톡홀름
스위스 / 베른
스페인 / 마드리드
슬로바키아 / 브라티슬라바
슬로베니아 / 류블랴나
아이슬란드 / 레이캬비크
아일랜드 / 더블린
안도라 / 안도라라베야
알바니아 / 티라나
에스토니아 / 탈린
영국 / 런던
오스트리아 / 빈
우크라이나 / 키예프
이탈리아 / 로마
체코 / 프라하
코소보 / 프리슈티나
크로아티아 / 자그레브
키프로스 / 니코시아
포르투갈 / 리스본
폴란드 / 바르샤바
프랑스 / 파리
핀란드 / 헬싱키
헝가리 / 부다페스트

아프리카

31

국가 / 수도•

가나 / 아크라
가봉 / 리브르빌
감비아 / 반줄
기니비사우 / 비사우
기니 / 코나크리
나미비아 / 빈트후크
나이지리아 / 아부자
남수단공화국 / 주바
남아프리카공화국 / 프리토리아
니제르 / 니아메
라이베리아 / 몬로비아
레소토 / 마세루
르완다 / 키갈리
리비아 / 트리폴리
마다가스카르 / 안타나나리보
말라위 / 릴롱궤
말리 / 바마코
모로코 / 라바트
모리셔스 / 포트루이스
모리타니 / 누악쇼트
모잠비크 / 마푸투
베냉 / 포르토노보
보츠와나 / 가보로네
부룬디 / 부줌부라
부르키나파소 / 와가두구
상투메프린시페 / 상투메
서사하라 / 엘아이운
세네갈 / 다카르
세이셸 / 빅토리아
소말리아 / 모가디슈
수단 / 카르툼
스와질란드 / 음바바네
시에라리온 / 프리타운
알제리 / 알제
앙골라 / 루안다
에리트레아 / 아스마라
에티오피아 / 아디스아바바
우간다 / 캄팔라
이집트 / 카이로
잠비아 / 루사카
적도기니 / 말라보
중앙아프리카공화국 / 방기
지부티 / 지부티
짐바브웨 / 하라레
차드 / 은자메나
카메룬 / 야운데
카보베르데 / 프라이아
케냐 / 나이로비
코모로 / 모로니
코트디부아르 / 야무스크로
콩고 / 브라자빌
콩고민주공화국 / 킨샤사
탄자니아 / 도도마
토고 / 로메
튀니지 / 튀니스

북미

그린란드
(덴마크)
미국
(알래스카)
캐나다
대서양
미국
버뮤다
(영국령)
태평양
멕시코
바하마
쿠바
도미니카
공화국
버진아일랜드
(영국+미국령)
과들루프
(프랑스령)
자메이카
아이티
푸에르토리코
(미국령)
대앤틸리스 제도
소앤틸리스 제도
마르티니크
(프랑스령)
벨리즈
온두라스
니카라과
과테말라
엘살바도르
코스타리카
파나마
남아메리카
국가 / 수도●
과테말라 / 과테말라시티
니카라과 / 마나과
멕시코 / 멕시코시티
미국 / 워싱턴 D.C.
바하마 / 나소
벨리즈 / 벨모판
엘살바도르 / 산살바도르
온두라스 / 테구시갈파
캐나다 / 오타와
코스타리카 / 산호세
파나마 / 파나마시티
대앤틸리스 제도
도미니카공화국 / 산토도밍고
아이티 / 포르토프랭스
자메이카 / 킹스톤
쿠바 / 아바나
소앤틸리스 제도
1. 그레나다 / 세인트조지스
2. 도미니카 / 로조우
3. 바베이도스 / 브리지타운
4. 세인트루시아 / 캐스트리스
5. 세인트빈센트그레나딘 / 킹스타운
6. 세인트키츠네비스 / 바스테르
7. 앤티가바부다 / 세인트존스
8. 트리니다드토바고 / 포트오브스페인

남미

북아메리카
대서양
베네수엘라
가이아나
수리남
프랑스령
기아나
콜롬비아
에콰도르
갈라파고스 제도
(에콰도르령)
페루
브라질
볼리비아
칠레
파라과이
태평양
우루과이
아르헨티나
포클랜드 제도
(영국령)
가 / 수도 ●
이아나 / 조지타운
네수엘라 / 카라카스
리비아 / 라파스, 수크레
라질 / 브라질리아
리남 / 파라마리보
르헨티나 / 부에노스아이레스
콰도르 / 키토
루과이 / 몬테비데오
레 / 산티아고
롬비아 / 보고타
라과이 / 아순시온
루 / 리마
랑스령 기아나 / 카옌

아시아

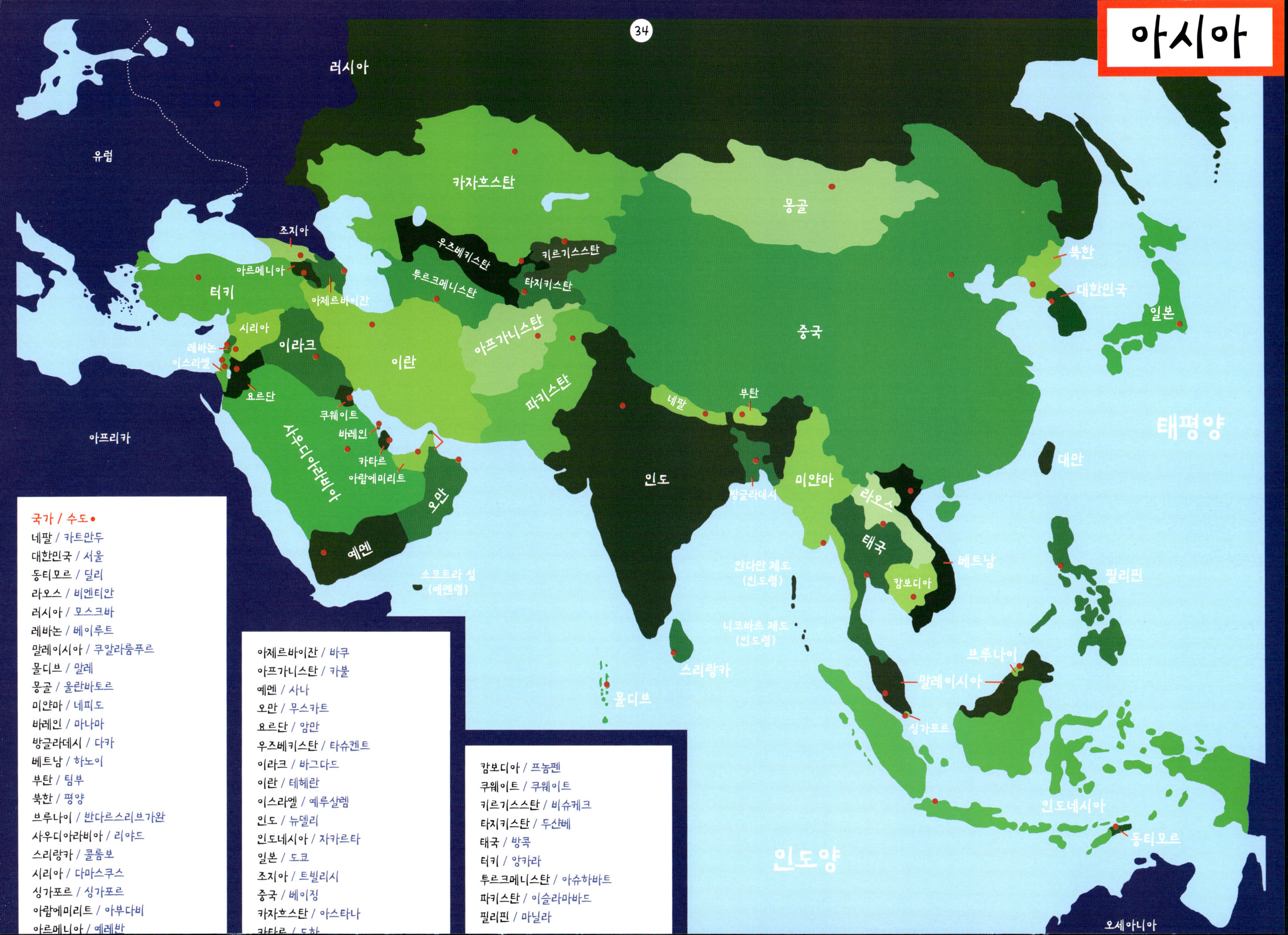

국가 / 수도•

네팔 / 카트만두
대한민국 / 서울
동티모르 / 딜리
라오스 / 비엔티안
러시아 / 모스크바
레바논 / 베이루트
말레이시아 / 쿠알라룸푸르
몰디브 / 말레
몽골 / 울란바토르
미얀마 / 네피도
바레인 / 마나마
방글라데시 / 다카
베트남 / 하노이
부탄 / 팀부
북한 / 평양
브루나이 / 반다르스리브가완
사우디아라비아 / 리야드
스리랑카 / 콜롬보
시리아 / 다마스쿠스
싱가포르 / 싱가포르
아랍에미리트 / 아부다비
아르메니아 / 예레반

아제르바이잔 / 바쿠
아프가니스탄 / 카불
예멘 / 사나
오만 / 무스카트
요르단 / 암만
우즈베키스탄 / 타슈켄트
이라크 / 바그다드
이란 / 테헤란
이스라엘 / 예루살렘
인도 / 뉴델리
인도네시아 / 자카르타
일본 / 도쿄
조지아 / 트빌리시
중국 / 베이징
카자흐스탄 / 아스타나

캄보디아 / 프놈펜
쿠웨이트 / 쿠웨이트
키르기스스탄 / 비슈케크
타지키스탄 / 두샨베
태국 / 방콕
터키 / 앙카라
투르크메니스탄 / 아슈하바트
파키스탄 / 이슬라마바드
필리핀 / 마닐라

오세아니아

국가 / 수도●
나우루 / 야렌
뉴질랜드 / 웰링턴
마셜 제도 / 마주로
미크로네시아 연방 / 팔리키르
바누아투 / 빌라
사모아 / 아피아
솔로몬 제도 / 호니아라
오스트레일리아 / 캔버라
키리바시 / 타라와
통가 / 누쿠알로파
투발루 / 푸나푸티
파푸아뉴기니 / 포트모르즈비
팔라우 / 멜레케오크
피지 / 수바

남극

아프리카
대서양
부베 섬
(노르웨이령)
사우스조지아
사우스샌드위치 제도
(영국령)
남극해
프랑스령 남부 및 남극 영토
(프랑스령)
포클랜드 제도
(영국령)
남아메리카
아메리 빙붕
허드 섬과 맥도널드 제도
(오스트레일리아령)
로네 빙붕
남극점
섀클턴 빙붕
빙붕(ice shelf)은 빙하가 바다로 흘러 내려와 평평하게 얼어붙은 것을 말해.
로스 빙붕
남극권
남극해
인도양
태평양
오세아니아

북극

북극의 빙하는 한곳에 머무르지 않고 항상 움직여. 바람과 해류의 흐름에 따라 이동하지. 빙하는 2월에 가장 두껍고 8월에 가장 얇아.
태평양
남극과 달리 북극은 대륙이 아니야. 북극점은 땅이 아니라 그저 바다가 얼어 형성된 얼음덩어리라고.
북아메리카
노보시비르스크 제도
(러시아령)
북극해
세베르나야젬랴 제도
(러시아령)
북극점
프란츠 요셉 랜드
(러시아령)
아시아
노바야젬랴 섬
(러시아령)
그린란드
(덴마크령)
스발바르 제도
(노르웨이령)
북극권
대서양
유럽

북미
캐나다
미국
멕시코
과테말라
벨리즈
엘살바도르
온두라스
니카라과
코스타리카
파나마
바하마
쿠바
자메이카
아이티
도미니카공화국
세인트키츠 네비스
앤티가바부다
도미니카
세인트루시아
바베이도스
세인트빈센트 그레나딘
그레나다
트리니다드 토바고
남미
에콰도르
콜롬비아
베네수엘라
가이아나
수리남
프랑스령 기아나
브라질
페루
볼리비아
칠레
아르헨티나
파라과이
우루과이
아시아
러시아
터키
레바논
시리아
이스라엘
요르단
사우디아라비아
예멘
오만
아랍에미리트
카타르
바레인
쿠웨이트
이라크